証券投資の基礎知識

THE BASIC KNOWLEDGE OF SECURITIES INVESTMENT

坂下 晃 監修

鳴滝 善計・外島 健嗣・田村 香月子 著

晃洋書房

は し が き

「貯蓄から投資へ，資産形成へ」という言葉を耳にする機会が増えてきています．これは，大切なお金を積極的に働かせる，つまり資産運用によって増やしていく努力が必要になってきたということです．では，なぜ，いま「資産運用」が必要なのでしょうか？

その背景には，まず年金危機があります．少子高齢化の進展により，15〜64歳の生産年齢人口と，65歳以上の高齢者人口の割合をみてみると，2015年には2.3人対１人であったものが，2040年には1.5人対１人，2065年には1.3人対１人と，2.3人で１人を支える時代から，1.5人で１人，1.3人で１人を支える時代へ，急激に変化しています．公的年金は，現役世代の保険料支払いによって高齢世代の年金受給が賄われるという，いわゆる「仕送り方式」で成り立っています．このため，将来の老後生活は，公的年金には頼れない，自助努力により資産形成することが必要になってきています．

次に，超低金利時代ということがあります．現代は，銀行や郵便局にただお金を預けているだけでは，なかなか増えていきません．例えば，年利0.05％の定期預金で元金を２倍にするには何年かかるでしょうか．いわゆる「72ルール」を使えば簡単に計算できます．これは，「72÷年利回り（％）＝元本が２倍になる年数」となります．年0.05％では，２倍になるのに1440年かかることになります．これを例えば年６％で運用できれば，12年で２倍にできます．

さらに，若者こそ積極的に資産運用するチャンスがあるということです．資産運用できる期間が長いということは，失敗しても取り戻すチャンスも多いということでもあるからです．年齢別の金融資産の配分については，「若い間はリスク資産を多く保有して収益を獲得し，年齢を重ねる（退職時期が近づく）にしたがって安定資産をふやすべきである」とする考え方が一般的です．若年層は，生涯を通じた労働所得（得られる将来の収入，給料やボーナス）が大きいこと

から，リスク資産の割合を大きくできるという考え方もあります．

　最近話題になった金融庁の報告書（金融審議会　市場ワーキング・グループ報告書「高齢社会における資産形成・管理」（令和元年6月3日））では，こうした資産運用，資産形成の重要性という観点から，その背景，対応の方向性等が取りまとめられたものですが，老後生活のためには公的年金だけでは2000万円足りないということが強調されて流布しました．この報告書では，高齢夫婦無職世帯（夫65歳以上，妻60歳以上の夫婦）の平均的な収入・支出を見ると，毎月約5万円の赤字となり，この赤字額は自身が保有する金融資産から補てんすることになります．20年間で約1300万円，30年で約2000万円の金融資産からの取崩しが必要になることが示されています．ただし，この例は平均的な姿であり，2000万円よりもっと必要なケースも多くあります．

　金融庁の報告書では，老後生活に備えて投資による資産形成の必要性を感じつつも，実際には証券投資を行わない人が多い実態が以下のとおり指摘されています．

- ・内閣府が実施した世論調査では，「老後の生活設計を考えたことがある」と回答した人は，全体で67.8％となっており，60代をトップに30代以上では軒並み50％以上となっている．また，「ある」と回答した人に対して考えたことがある理由は何かを問うたところ，多数を占めた回答が「老後の生活が不安だから」であり，多くの人が老後生活に不安を抱えている現状がわかる．
- ・他のアンケート調査でも，「老後に対する不安がある」と答えた比率が高い傾向があり，50代以下の世代では，老後に対する不安要因として「お金」が挙げられていることが多い．
- ・では，こうした老後の資金の不安に対して，どのように対処すればよいと考えているか．資産寿命を伸ばすために必要なことを尋ねた調査によれば，「現役で働く期間を延ばす」，「生活費の節約」を挙げる回答が多いが，このほかに約3割の者は「若いうちから少しずつ資産形成に取り

組む」を挙げている.

・他方，別の調査では「老後に向け準備したい（した）公的年金以外の資産」として「証券投資（株式や債券，投資信託など）を挙げた者は2割以下に留まり，実際に投資を行っている者の割合はこれよりもさらに低い水準となっていることが予想され，意識と行動に乖離があることが窺える．投資による資産形成の必要性を感じつつも，投資を行わない理由として上位を占めているのが，「まとまった資金がない」，「投資に関する知識がない」，「どのように有価証券を購入したらよいのかわからない」という回答であり，顧客側の問題に加え，金融機関側が顧客のニーズや悩みに寄り添い切れていない状況が窺える．　（以上は，報告書から一部抜粋）

　こうした老後に向けた準備は，定年や年金の受給が間近に迫っている人の問題というよりも若い人の問題です．資産形成は，若い時からスタートするかどうかで大きな差を生じさせます．若い時から，計画的な資産形成，賢い投資の方法について学び，実践することが重要です．金融庁の報告書も，効率的な資産形成の方法として，投資信託などの証券を利用して，若年時代からの長期・積立て・分散投資を推奨しています．

　本書は，こうした観点から，大学生に学んで欲しい証券投資に関する基礎的な知識や理論を解説したものです．

　なお，本書の企画・構成は，2018年に亡くなられた坂下晃先生を中心に進められていたものです．先生を偲んで監修と銘打って刊行させていただきました．

　最後に，晃洋書房編集部の丸井清泰氏，徳重伸氏に大変お世話になり，心から御礼申し上げます．

　2019年8月

執筆者を代表して

鳴 滝 善 計

v

目　　次

はしがき

第1章　個人の資産運用の在り方 ……………………………………… *1*

    1　個人の資産運用の在り方の基本　　(*1*)

    2　資産運用をめぐる新しい動き　　(*9*)

第2章　ポートフォリオ運用の理論 ……………………………… *29*

    1　投資のリターンとリスク　　(*29*)

    2　ポートフォリオと分散投資　　(*37*)

    3　効率的フロンティア　　(*40*)

    4　ポートフォリオのリターンとリスク　　(*46*)

第3章　株 式 市 場 ………………………………………………… *51*

    1　株式の発行市場と流通市場　　(*51*)

    2　株式の発行市場　　(*52*)

    3　株式発行の形態　　(*53*)

    4　公開価格の決定方式　　(*57*)

    5　株式の流通市場　　(*59*)

第4章　株 式 投 資 ………………………………………………… *67*

    1　株 価 指 数　　(*67*)

    2　株式投資指標　　(*71*)

3　株価変動要因　　*(75)*

　　4　テクニカル分析　　*(78)*

第5章　債 券 投 資　————————————————　*85*

　　1　債 券 と は　　*(85)*

　　2　債券発行市場　　*(91)*

　　3　債券流通市場　　*(94)*

　　4　債券投資のリターンとリスク　　*(96)*

第6章　投 資 信 託　————————————————　*111*

　　1　投資信託の特徴　　*(111)*

　　2　投資信託の分類　　*(113)*

　　3　投資信託の運営の関係者　　*(117)*

　　4　特色のある商品　　*(119)*

　　5　投資信託のリターンとリスク　　*(121)*

　　6　投資信託の運用とパフォーマンス評価　　*(125)*

　　7　ディスクロージャーとコスト　　*(127)*

　　8　現状と課題　　*(131)*

第7章　外国証券投資　————————————————　*135*

　　1　外国証券投資の意義　　*(135)*

　　2　外国証券投資のリターンとリスク　　*(136)*

　　3　為替リスクのヘッジ　　*(139)*

　　4　投資信託による外国証券投資　　*(143)*

　　5　アメリカの証券への投資　　*(145)*

　　6　エマージングマーケット投資　　*(148)*

目　　次　vii

第8章　デリバティブ投資 ……………………………………………… 155

 1　デリバティブ　(155)

 2　金融先物取引　(158)

 3　オプション取引　(161)

 4　スワップ取引　(168)

 5　デリバティブを活用した投資戦略　(170)

第9章　オルタナティブ投資 ……………………………………………… 177

 1　オルタナティブ投資とは　(177)

 2　ヘッジファンド　(179)

 3　プライベート・エクイティ　(186)

 4　不　動　産　(193)

 5　コモディティファンド　(197)

第10章　ポートフォリオ・マネジメント ……………………………… 199

 1　ポートフォリオ・マネジメントの考え方　(199)

 2　ポートフォリオ・マネジメントのプロセス　(200)

 3　年金運用のポートフォリオ・マネジメント　(206)

索　　引　(211)

第1章 個人の資産運用の在り方

本章のポイント

米国に比べると，日本の個人金融資産は預貯金に偏重しており，株式や投資信託などのリスク資産の割合が小さい．年金危機等に対応して個人の資産形成を図るためには，「貯蓄から投資へ，資産形成へ」の流れを確実に推進していくことが必要となっている．

また，有利な資産運用を行うために，投資の基本的な知識である積立投資，複利運用，ライフプランや目的に合わせた資産運用の考え方について学ぶ必要がある．

資産運用をめぐる新しい動きとして，ラップ口座，NISA(少額投資非課税制度)，確定拠出年金を概観する．ラップ口座は，顧客本位の資産管理型営業のエースとして期待されている．また，NISAや確定拠出年金は，若年層や投資初心者の活用により「貯蓄から投資へ」の流れを加速するものとして期待されている．

1　個人の資産運用の在り方の基本

(1) 貯蓄から投資へ

個人の資産運用の状況

日米の個人金融資産の内訳を比較すると，日本の個人金融資産は現金・預金に偏っていて，リスク資産（投資商品）の保有が少ない（図1-1参照）．2018年3月現在，日本は，現金・預金が52.5％，有価証券（株式・出資金，債券，投資信託）

は16.2%である．一方，米国は，有価証券が53.9%，現金・預金は13.1%となっている．こうした割合の傾向は，証券市場の大きな改革である金融ビッグバンが行われた1998年以降変わっていない．金融ビッグバンは，1つには国民の資産形成のための改革という目的があったが，長期の証券市場の停滞により投資家が証券投資で報われない時代が長く続いたこともあり，個人金融資産に占める証券投資の割合は高まらなかった．

このため，国民の資産形成のためには，「貯蓄から投資へ，資産形成へ」という旗印のもと，さまざまな推進策が必要とされている．2014年から始まったNISA（少額投資非課税制度），2018年1月から始まったつみたてNISA，2017年1月から適用者の範囲が大幅に拡大されたiDeCo（個人型確定拠出年金）は，その一環であり，今後の発展が期待されている．

なお，貯蓄と投資の違いについては，一般的には，貯蓄とはお金を蓄えることで，銀行の預金などがこれに当たる．一方，投資とは利益を見込んでお金を

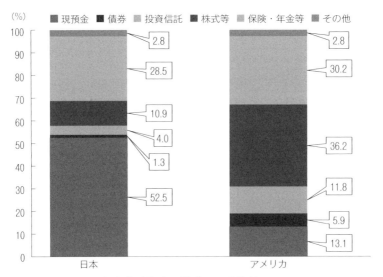

図1-1 個人金融資産の構成の日米比較（2018年3月末）

（出所）日本銀行調査統計局の資料から作成．

出すことで，株式や投資信託などの購入がこれに当たる．

資産運用の重要性

今日資産運用が重要になっている背景には，まず年金危機がある．15～64歳の生産年齢人口と，65歳以上の高齢者人口の割合をみてみると，2015年には2.3人対1人，2065年には1.3人対1人と，2.3人で1人を支える時代から，1.3人で1人を支える時代へ，急激に変化している．公的年金には頼れない，自分で老後に備えて資産形成することが必要になってきている．

次に，現代は超低金利時代ということがある．90年代にバブル経済が崩壊し，経済の低迷期が長期に続き，日本銀行はゼロ金利政策を敢行した．今の時代は，銀行や郵便局にただお金を預けているだけでは，なかなか増えていかない．例えば，年利0.05％の定期預金で元金を2倍にするには何年かかるか．いわゆる「72ルール」を使えば簡単に計算できる．これは，72÷年利回り（％）＝元本が2倍になる年数，となる．年6％では，12年で2倍，年0.05％では，2倍になるのに1440年かかることになる．

さらに，若者こそ積極的に資産運用するチャンスがあるということである．なぜなら，資産運用できる期間が長い，ということは，失敗しても取り戻すチャンスも多いということである．

（2）複利運用と積立投資
複利運用

投資には，投資資金を運用して得られた利益が更に運用されて増えていく複利の効果がある．投資期間と複利の効果には関係があり，投資期間が長いほど，複利効果も大きくなる傾向がある（図1-2参照）．

さらに，途中の運用収益を配当や分配金として受け取ると，それに対して税金が徴収されるので，複利運用効果を考慮すると，配当や分配金が払われずに，運用してもらう方が有利となる．例えば，無分配型の投資信託と毎月分配型の

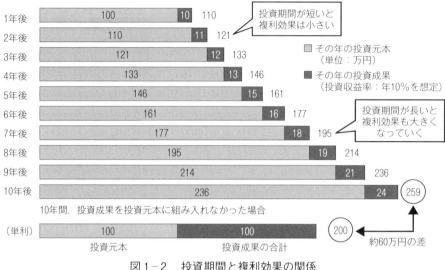

図1-2 投資期間と複利効果の関係

(出所) 金融庁 HP「NISA 特設ウェブサイト」の「投資の基礎知識」．
(https://www.fsa.go.jp/policy/nisa2/knowledge/basic/index.html, 2018年12月18日閲覧)

投資信託を比較してみよう（図1-3参照）．毎月1％の利回りで運用できたとして，当初の元本が1万円，毎月100円の分配金とする．1つは毎月無分配で複利運用した場合，もう1つは毎月分配金を受け取り，20％の源泉徴収税（実際は復興特別所得税があるので，20.315％であるが，ここでは便宜上20％とする．）の控除後に再投資した場合の比較である．1年後には，無分配の方は1万1268円となり，一方，毎月分配の方は1万1025円となる．この差額243円が源泉徴収税で少なくなった複利運用の効果である．

積立投資

価格が変動する株式や株式投資信託などのリスク商品へ投資する場合には，一度に多額の投資を行うのではなく，定期定額で投資を行うことで，「時間（時期）の分散」（ドル・コスト平均法）の効果を享受することができる（図1-4参照）．

第1章　個人の資産運用の在り方　　5

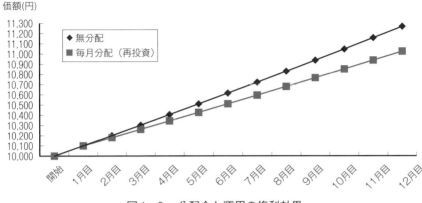

図1-3　分配金と運用の複利効果

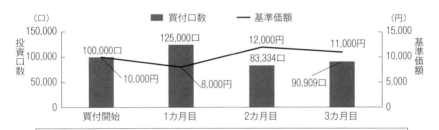

・4時点の平均基準価額＝（10,000円＋8,000円＋12,000円＋11,000円）÷4＝10,250円
・10万円ずつ買った場合，合計で399,243口買えたので，平均買付基準価額は40万円÷399,243口×1万口＝10,019円となり，平均基準価額より231円安く買えたことになる．その理由は，「高いときには少なく買い，安いときに多く買っているから」である．
（基準価額は1万口当たり）

図1-4　定期定額投資（ドル・コスト平均法）の効果

　これは，価格が高い時期には少ない数量を，価格が低い時期には多くの数量を購入できることから，長い目で見ると，平均投資価格は平準化されていくので，短期的な急な値下がりなどが生じても，それによって生じる損失の程度を軽減することが可能になる．

（3）ライフプランと資産運用

ライフプランと資金ニーズ

ライフプランとは，将来に向けた人生の設計図である．人生の中では，就職や結婚，子どもの教育，住宅購入など，さまざまなイベントが発生する．また病気や災害といった事態も生じるだろう．そして，人生100年時代といわれるように長寿化によって定年退職後の人生，老後の生活も長くなってくる．こうした各局面では，それに応じた資金が必要となる．この資金を準備することも，ライフプランの一部といえる．

個人の三大貯蓄目的は，住宅取得，子供の教育，老後に備える資産形成といわれる．こうした資産形成を怠れば，いざイベントが発生したときに困ったり，場合によっては，イベントそのものの実現性が低くなったりしてしまうかもしれない．結婚する，子供を持つ，住宅を取得するということは選択できるが，老後の生活は誰にでも訪れるので，老後に備える資産形成は避けては通れない．

具体的なライフイベントをお金と結びつけて考えてみよう（以下は，金融庁 HP「NISA 特設ウェブサイト」の「投資の基礎知識」から引用）．

・将来どのような仕事に就くのか → どのくらいの収入があるのか
・結婚（結婚式）はするのか → するのであれば，費用はどのくらいかかるのか
・子どもは作るのか → 作るのであれば，出産や子育て・教育にどのくらいの費用がかかるのか
・住宅は持ち家に住むのか，賃貸にするのか → 購入費用・賃料はどのくらいかかるのか
・転職はするのか → するのであれば，収入はどのくらい変わるのか
・老後はどういった生活がしたいのか → 老後の資金はどのくらい必要なのか

ライフプランは，早いうちから考えておくことが望ましい．大学生であれば，

まず就職に直面し，就職後はその後のライスプランを考えて，資産形成をスタートさせるとよい．充実した人生設計のためには，できるだけ資産形成を早く始めることが重要である．

金融資産保有目的と金融資産選択

住宅取得，子供の教育，老後に備える資産形成が三大貯蓄目的といわれるが，他の目的を含めて金融資産保有の目的を見ると表1-1のとおりである．金融商品の保有目的は，「将来・老後の生活資金」が66.2％と最も高く，次いで「将来の不測の事態への備え」(39.3％)，「子供や孫の教育資金」(28.3％)，「レジャー費用の捻出」(21.5％) が続いている．

資産運用にあたっては，目的に応じた資産選択を行う必要がある．そうすることにより，資産全体の運用効率を高めることができる．

目的に応じた金融資産選択を行う際には，選択基準として，安全性，収益性，流動性 (換金性) の3つの関係を理解する必要がある．一般的には，安全性が高い金融資産は，収益性は低く，逆に安全性が低ければ収益性を高く見込むことができる．つまり，リターンが高く見込まれる金融資産は，リスクも高いというわけである．安全性が高く，流動性も収益性も高いという金融資産はない．ただし，「流動性が高ければ収益性は低く，逆に流動性が低ければ収益性が高く見込める」ということはいえない場合もある．例えば，株式投資信託は，高い流動性を持っており，高い収益性も期待できる．

金融資産を選択する場合には，この3つのポイントを踏まえて，ライフプラ

表1-1 金融商品保有目的 (重複回答)

（単位：％）

将来・老後の生活資金	将来の不測の事態への備え	子供や孫の教育資金	レジャー費用の捻出	住宅の取得	現金の盗難対策	結婚費用の捻出	その他	特に目的はない
66.2	39.3	28.3	21.5	4.2	3.5	2.9	1.7	12.6

（出所）「証券投資に関する全国調査（個人調査）平成27年度」（日本証券業協会）による．

ンに沿った目的ごとに，リスク許容度（運用にどの程度リスクをとれるか）と運用可能期間を考慮して，金融資産を当てはめていけばよい．

　そして，「万一に備える」目的であれば，運用期間は短期であるので，収益性よりも流動性や安全性を重視することとなり，住宅資金や子供の教育費は中長期の運用期間で，安全性や流動性よりも収益性が重視される．さらに，老後生活に備えた資産形成では，長期の運用期間として収益性の高い金融資産を選択すべきであろう．

ライフサイクルと投資の理論

　年齢別の金融資産の配分については，「若い間はリスク資産を多く保有して収益を獲得し，年齢を重ねる（退職時期が近づく）にしたがって安定資産をふやすべきである」とする考え方が一般的である．

　これは，運用期間が長ければリスク資産を持てる（失敗しても回復が可能），あるいは資産引出時の価格変動リスクを避けるという考え方によって説明できる．また，若年層は，生涯を通じた労働所得（個人が得られる将来の収入，給料やボーナス）が大きいことから，リスク資産の割合を大きくできるという考え方もある．

　こうした考え方に基づいた金融商品もある．これは，ライフサイクルファンドと呼ばれる投資信託で，2つのタイプがある．1つは，スタティック・アロケーション・ファンド（またはターゲット・リスク・ファンドともいう）で，資産配分の異なる一連のファンド・グループを投資信託委託会社が用意し，投資家は年齢やリスク許容度の変化等に応じて自分でファンドを乗り換えていくタイプである．例えば，若いうちは株式や外国証券の割合の高いファンドを選択し，年をとるに従って国内債券の割合が高いファンドに乗り換えていくというように利用する．

　もう1つは，ターゲット・イヤー・ファンド（ターゲット・デート・ファンドともいう）で，投資信託委託会社が投資家の退職予定時期別に（たとえば2040年，45

年，50年……など5年おき程度に）多数のファンドを用意し，投資家は自分の退職時期（ターゲット・イヤー）に近いファンドを購入するタイプである．各ファンドは当初はリスク資産の割合を高くし，ターゲット・イヤーに向けて安定資産の割合を高めていくという運用を行う．

　米国の確定拠出年金では，ライフサイクルファンドが多く採用されており，日本でも確定拠出年金用ファンドとして活用されつつある．

2　資産運用をめぐる新しい動き

（1）ラップ口座

ラップ口座の仕組み

　ラップ口座とは，証券会社や信託銀行に投資家個々人の口座を設けて，投資家1人ひとりのために，証券会社や信託銀行が投資一任（投資顧問）サービスを提供するものである．

　ラップ口座は，アメリカのラップ口座を参考にして，2004年に開始された．アメリカでは，1970年代に，株式売買委託手数料の自由化以降に誕生した．アメリカのラップ口座の中で近年成長が著しく注目されているのが，SMA（セパレートリー・マネージメント・アカウント）である．これは，①投資家が証券会社の顧客口座に資金を預け，②運用は専門の運用会社に委託し，③口座管理や運用報告などのサービスが包括（ラップ）されており，④投資家個々の運用ニーズを反映させた運用・管理が可能という特徴がある．

　日本でラップ口座が開始されたのは，制度上，2004年に，証券会社や信託銀行に兼業業務として投資一任契約が実質的に解禁されたことが契機である．日本のラップ口座の誕生の背景も，アメリカと同様に，1999年に株式委託手数料が完全に自由化されたことに端を発している．これを契機に，インターネット専業証券が委託手数料の安さを売りにして競争し，隆盛期を迎える中にあって，対面販売を主力とする証券会社は，低下する株式売買委託手数料に依存しない

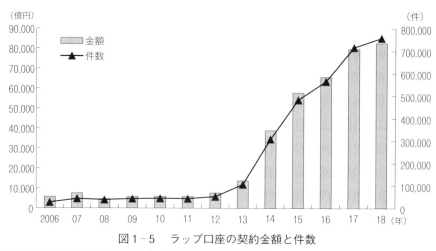

図1-5 ラップ口座の契約金額と件数

（出所）投資顧問業協会の資料より作成．各年度末．2018年度は6月末．

ビジネスモデルが求められた．一方，監督当局は，証券会社に，投資家に短期の回転売買を勧める営業姿勢から資産管理型営業への転換を求めた．顧客の中長期運用のメリットを犠牲にして，短期の回転売買により売買委託手数料を稼ぐという証券会社のニーズに偏った営業姿勢から，中長期運用による顧客資産の増大から生じる報酬を重視する資産管理型営業への転換を求めたわけである．そこで，資産管理型営業のエースとして，投資家の運用資産から生じる残高連動の手数料体系をとるラップ口座が期待され，誕生した．

ラップ口座は，2014年ごろから急成長し，2018年6月末，契約資産残高は8兆2746億円，契約件数75万8134件まで伸びている（図1-5参照）．

ラップ口座の仕組みは，次のとおりである（図1-6参照）．

① ラップ口座は，契約金額を5000万円以上や1億円以上などとして，富裕層を対象としている．これは，SMAといわれている．
② ラップ口座の中でも，投資信託だけで運用するもので，契約金額を300万円以上とか500万円以上と低めにして，投資の初心者や退職者層，仕

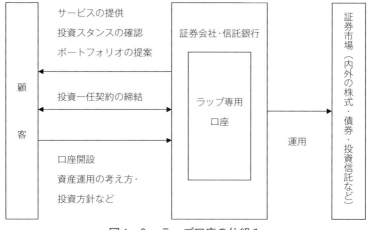

図1-6　ラップ口座の仕組み

事で忙しくて時間が取れない一般投資家などを狙ったサービスもある．これは，ファンドラップといわれている．
③ ラップ口座では，顧客と証券会社や信託銀行が投資一任契約を結ぶ．顧客は証券会社や信託銀行の中に，ラップ口座サービスのための専用口座を開設する．この専用口座で運用を行い，定期的に運用結果を顧客に報告する．

ラップ口座のサービスの流れは，図1-7のとおりである．

ラップ口座の運用
ラップ口座の運用の形態は，主に次の3とおりである．

① 証券会社や信託銀行の中に運用担当者を置いて，直接株式市場や債券市場などで運用する方（SMA）
② 外部の運用会社（投資顧問会社）に運用を再委託する方法（SMA）
③ 外部の投信委託会社が運用する投資信託を購入する方法（ファンドラップ）

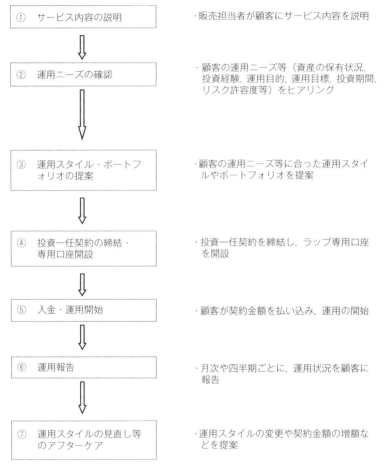

図1-7　ラップ口座サービスの流れ

　ラップ口座では,いろいろな運用スタイルを用意し,顧客1人ひとりの運用ニーズなどをヒアリング,分析して,それに合った運用スタイルを単独や組合せて提案する.

　SMAの運用スタイルでは,顧客の多様なリスク・リターンの選好に応えられるように,日本株式では大型株式,中小型株式,成長(グロース)株式,割

安（バリュー）株式などのカテゴリーに分けたものや，外国株式，債券，商品（コモディティ）市場で運用するもの，ロング・ショート運用などのヘッジ・ファンド的運用のものなど，多彩なリスク・リターンに応じたポートフォリオを用意している．

ファンドラップでは，日本株式，外国株式，日本債券，外国債券，日本 REIT，外国 REIT，コモディティ（商品）などに分類して，また，日本株式ではバリュー株式，グロース株式，中小型株式など，それぞれの分類別に投資信託を揃えて，顧客の運用ニーズを分析して，最適なポートフォリオを提案する．

ラップ口座の特徴

（ⅰ）包括的な報酬体系

ラップ口座の報酬は，運用において株式や投資信託などを売買するごとに手数料を徴収するというものではなく，契約資産額に応じて一定の比率の報酬額を徴収するという包括的な報酬体系である．これがラップ口座といわれるゆえんである．

固定報酬のほかに，報酬額が運用成果に連動する成功報酬をとっているものもある．固定報酬と成功報酬を選択できるものもある．例えば，年間３％の固定報酬か，年間２％の基本報酬（固定報酬）プラス成功報酬のどちらかを選択できるというものである．

（ⅱ）顧客ごとの口座で運用

ラップ口座は，証券会社や信託銀行に，顧客ごとの専用口座を設けて，運用，管理を行う．株式や債券，投資信託を売買するたびに，売買報告書が顧客に送付される．さらに，顧客ごとに，運用状況や運用担当者からの運用経過や考え方などが記載された月次や四半期ごとの運用報告書が送付されるので，顧客にとって運用内容が分かりやすくなっている．

また，専用のウェブサイトで個別銘柄の売買内容や保有銘柄の運用経過などを把握することができる会社もある．

（iii）専門のコンサルタントによるサポート

ラップ口座のうち，SMA では，専門のコンサルタントが顧客の投資目的や
リスク許容度などをヒアリングして，顧客の運用ニーズに応じて運用スタイル
やポートフォリオを提案する．運用開始後も，運用経過を見守りながら，適時
に顧客に運用状況を説明し，場合によっては，運用スタイルの変更や契約金額
の増額などを提案するなど，アフターケアを行う．

最低契約金額を比較的低く抑えたファンドラップのほうは，専門のコンサル
タントが付かずに，証券会社などの支店の販売担当者が付くだけの場合が一般
的であるが，最低契約金額が比較的大きい SMA のほうは，手厚い専門のコン
サルタントによるサポートを売り物にしているサービスが多い．

ロボ・アドバイザーの利用

2010年代初めから，米国においてロボ・アドバイザー（RA）と呼ばれる，ス
マートフォンやパソコンを利用して資産運用を安く提案するビジネスモデルが
登場し，発展している．資産運用業務におけるいわゆる AI（人工知能）化の1
つの形態といえる．すなわち，資産運用に関する膨大なデータの分析・活用に
は，AI が利用されている．

米国の RA の特徴は次のとおりである．

① RA は，富裕層ではなく一般的な個人投資家向けに資産運用に関する提
　　案を行っている．

② 対面による資産運用の助言は行わない．これは，投資家はウェブサイ
　　トにおいて，年齢，リスク許容度，財務状況，投資経験などを入力し，
　　その情報をもとに最適なポートフォリオを自動的に策定する．ウェブ
　　サイトの質問は，投資家のリスク許容度を推し量るためである．

③ 人件費を抑制し，ETF を利用すること手数料を引き下げている．

④ ソーシャルメディアを活用し，ミレミアム世代の取り込みに成功して

いる.

　2015年頃から，日本でもRAのサービスが開始され，その後大手の金融機関から独立系業者まで数多くのRAが登場している.

　日本におけるRAは，オンライン型（ウェブサービス）の資産運用サービスであり，最適な資産配分の提案に限らず，申し込みや入金手続きといったプロセスもすべてオンラインで完結し，入金後は投資家にかわって有価証券の購入，リバランスなどの運用を行うものである.

　RAには，利用料がかかる「投資一任型（ラップ口座型)」と無料で利用できる「アドバイス型」の2種類がある.

　ラップ口座型は，通常のラップ口座で行っている人間（営業員など）とコンピューターを合わせたサービスをすべてRAが行ってくれるものである. 顧客属性や資産運用に対する考え方など顧客に対するヒアリング，コンピューター入力，コンピューターからはじき出された最適な資産配分の顧客への提案，購入すべき投資信託の提案，契約手続き，さらに資産配分に沿った運用などすべてのサービスをロボットが代替して行う.

　一方，アドバイス型は，ラップ口座型のように自動的な運用の機能はなく，最適な資産配分の提案，購入すべき投資信託の提案までのサービスであり，実際に投資信託の購入などの運用は自分で決定することになる.

　RAの特徴の1つは，コスト面である. 従来のラップ口座と比較すると，ラップ口座型のRAは，オンラインですべての手続きが完結することから，管理報酬が低くなっている. さらに，通常の投資信託よりも信託報酬などの運用コストが低いETFに投資するサービスを提供しているところもあり，こうしたRAはサービス全体のコストが低い. また，最低投資金額が1万円や10万円からのサービスもあり，少ない資金からでも高度な資産運用モデルによる運用サービスが受けられるのである.

　RAは，こうした運用コストや最低投資金額の低さ，ウェブサービスへの馴

染みなどから，資産運用の初心者である若年層にも受け入れやすいサービスであるといえる．実際，THEO（テオ）の商品名で RA を行っている（株）お金のデザインによると，RA の無料診断の体験では，20代，30代が少額からの資産運用に関心を示しているという．

（2）NISA（少額投資非課税制度）
一般 NISA

2014年 1 月から，NISA が開始した．なお，その後，ジュニア NISA，つみたて NISA が創設されたので，これらと区別するため当初のものを「一般 NISA」と呼んでいる．NISA は，イギリスの個人貯蓄口座 ISA（Individual Savings Account）に倣って導入された制度で，日本版 ISA ということで NISA（ニーサ）と呼ばれる．NISA は，より多くの個人に投資を促すことを目的にしており，特に，投資による資産形成の重要性が高いにもかかわらず，あまり投資に参加していない若年層に活用されることを期待して導入された．こうした

表 1 - 2　一般 NISA，ジュニア NISA，つみたて NISA の概要

	一般 NISA	つみたて NISA	ジュニア NISA
口座を開設できる者	20歳以上の国内居住者等		20歳未満の国内居住者等
開設できる口座数	1 年ごとに 1 人 1 口座．1 年ごとに金融機関の変更可能		全期間を通じて 1 人 1 口座．金融機関の変更不可
開設できる期間	2014〜2023年	2018〜2037年	2016〜2023年
対象金融商品・対象収益	上場株式，公募株式投資信託，ETF 等の配当，分配金，譲渡益	公募株式投資信託，ETF のうち金融庁に届出された銘柄の分配金，譲渡益	上場株式，公募株式投資信託，ETF 等の配当，分配金，譲渡益
非課税投資上限額（年間）	2014・2015年　100万円 2016〜2023年　120万円	40万円	80万円
非課税期間	購入した年から 5 年間（ロールオーバー可能）	購入した年から20年間（ロールオーバー不可）	購入した年から 5 年間（ロールオーバー可能）
口座からの配当・分配金の引出し	自由		課税未成年者口座で管理され，払出し制限あり
購入商品の売却	自由		自由．ただし，課税未成年者口座で管理され，払出し制限あり

若年層の投資への参加が高まれば，「貯蓄から投資へ」の流れが加速されるものと見込まれている．

　一般 NISA は，株式投資信託等の販売会社に開設された非課税口座（NISA 口座）で管理されている株式投資信託や上場株式等の収益分配金，配当金及び譲渡益が非課税となる制度である．その概要は，**表1−2**のとおりである．

　一般 NISA の主な制度上の留意事項は，次のとおりである．

- ・1年ごとに1人1口座．一般 NISA 口座を開設する金融機関について1年単位で変更できる．
- ・一般 NISA 口座における配当所得および譲渡所得は非課税となるが，譲渡損失は税務上ないものとされ，特定口座や一般口座で保有する投資信託等の配当所得および譲渡所得との損益通算が認められない．
- ・一般 NISA の投資信託等を売却した場合には，当該投資信託等を購入する際に使用した非課税投資枠は再利用できない．
- ・非課税投資枠の残額を翌年以降に繰り越すことはできない．

ジュニア NISA

　子供や孫の将来に向けた長期資産形成を促すため，2016年4月から，ジュニア NISA（未成年者少額投資非課税制度）が創設された．一般 NISA が20歳以上を対象とするのに対して，ジュニア NISA は，19歳までの居住者を対象とするものである．年間非課税投資枠が80万円であり，18歳まで払い出し制限がある点が，一般 NISA と異なる．ジュニア NISA の概要は，**表1−2**のとおりである．

　ジュニア NISA の主な制度上の留意事項は，次のとおりである．

- ・口座開設は1人1口座で，口座開設後の金融機関の変更はできない．
- ・ジュニア NISA 口座は，親権者が代理で運用・管理を行い，未成年者が自身で運用・管理することはできない．
- ・子供や孫が18歳になるまでの期間，災害等のやむを得ない場合を除き，

原則として払出し（出金，出庫）が制限される．

・一般 NISA と同様に，特定口座や一般口座で保有する投資信託等の配当所得および譲渡所得との損益通算が認められない．また，売却による非課税投資枠の再利用や非課税投資枠の残額を翌年以降に繰越しはできない．

つみたて NISA

2018年1月から，少額からの積立・分散投資を促進するため，非課税累積投資契約に係る少額投資非課税制度「つみたて NISA」が創設された．一般 NISA は非課税期間が5年間（非課税期間終了時に翌年の非課税枠を利用したロールオーバは可能）であり，長期積立投資に向いていない面がある．そこで，年間非課税投資枠は40万円と，一般 NISA の120万円を比べて小さいが，非課税投資期間20年と長期積立投資に向いているつみたて NISA を創設したわけである．少ない金額から定期・継続的なコツコツ投資を応援することにより，若年層への投資のすそ野拡大が期待される．つみたて NISA の概要は，**表1-2**のとおりである．

つみたて NISA の主な制度上の留意事項は，次のとおりである．

・つみたて NISA と一般 NISA のどちらかを選択して利用できる．
・積立契約に基づく定期かつ継続的な方法による買付（毎月ごとの買付など）を行うこと．
・1年ごとに1人1口座．つみたて NISA 口座を開設する金融機関について1年単位で変更できる．
・一般 NISA と同様に，特定口座や一般口座で保有する投資信託等の配当所得および譲渡所得との損益通算が認められない．また，売却による非課税投資枠の再利用や非課税投資枠の残額を翌年以降に繰越しはできない．

つみたて NISA の対象の金融商品は，公募株式投資信託及び ETF のうち，「定期的に継続して取得することにより個人の財産形成が促進されるもの」として金融庁に届出が行われたものに限定されている．対象商品となるための主な条件は，次のとおりである．

（ⅰ）信託期間が無期限または20年以上であること

（ⅱ）リスクヘッジ等の目的を除きデリバティブ取引を行わないこと

（ⅲ）収益分配を１月以下の期間ごとに行わないこと

（ⅳ）販売会社が商品保有者に対して，当該保有者に係る信託報酬の実額を保有期間を通じて通知すること

（ⅴ）口座管理手数料等を受領しないこと

（ⅵ）インデックス投信は，指定されたインデックスに連動していること，主たる投資対象資産に株式を含むこと等．

（ⅶ）アクティブ運用投信等は，純資産総額が50億円以上であること，信託設定以降５年以上経過，計算期間のうち資金流入超が３分の２以上であること等．

（ⅷ）公募株式投資信託の売買手数料は無料のものであること．また公募株式投資信託の信託報酬は，種類ごとに上限がある．国内型インデックス投信0.5％以下，海外型インデックス投信0.75％以下，国内型アクティブ運用投信等１％以下，海外型アクティブ運用投信等1.5％以下．

（ⅸ）ETF は，指定されたインデックスに連動していること，投資対象資産が株式であること等，売買手数料は1.25％以下，信託報酬は0.25％以下．

これらの要件を満たし，金融庁に届出された投資信託は，2018年10月31日現在，インデックス投信142本，アクティブ運用投信等17本，ETF３本となっている．

NISA の口座数，買付額等

2018年6月末現在，一般 NISA は，口座数1128万，買付額14兆4874億円と順調に拡大している．つみたて NISA もスタートして半年にもかかわらず，口座数69万，買付額305億円と順調である．一方，ジュニア NISA は，払出し制限など仕組みがやや複雑なこともあってか，スタートして2年以上経っているが，口座数29万，買付額945億円に止まっている（以上は，図1-8参照）．

一般 NISA とつみたて NISA の口座数の年代別割合をみてみると，一般NISA は，60歳代が最も多く，22.6％を占めている．60歳代以上では，51.7％と半数超になる．一方，20歳代は4.1％，30歳代10.1％と少ない．これに対して，つみたて NISA は，40歳代が最も多く，25.9％であり，20歳代15.0％，30歳代24.0％と比較的若年層が多くなっている．60歳代以上は17.6％である（以上は，図1-9参照）．

このように，つみたて NISA は，制度創設の主な目的である若年層の長期積立投資による資産形成に十分に対応していることがわかる．対象商品も，こうした長期積立投資に適したコストの安い，分散投資された投資信託が選ばれており，若年層を中心とした資産形成に大きな役割が期待される．

（3）確定拠出年金（DC）

日本の年金制度は，法律で強制加入となる年金と，企業が任意に実施できる年金，個人が任意で加入できる年金の3つに分けられる．法律で強制加入となる年金には，20歳以上60歳未満のすべての国内居住者を対象とする国民年金（基礎年金）と，民間企業の従業員や公務員を対象とする厚生年金がある（図1-10参照）．

この国民年金と厚生年金がいわゆる公的年金である．少子高齢化に伴う財政難を踏まえ，公的年金の先細りが避けられない中，企業や個人が任意に実施できる年金，いわゆる私的年金の重要性がますます高まってきている．

こうした背景のもと，私的年金の1つである確定拠出年金への期待が高く，

第1章　個人の資産運用の在り方　　21

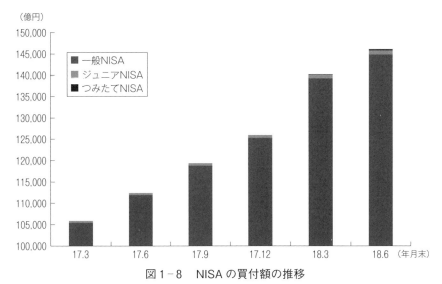

図1-8　NISAの買付額の推移

(出所) 金融庁「NISA・ジュニアNISAの利用状況調査」(2017年3月末時点～2018年6月末時点) の資料から作成.

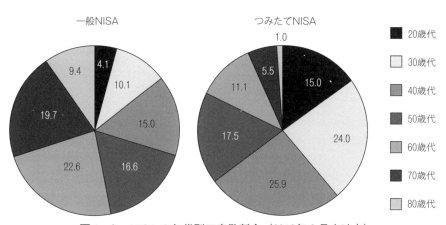

図1-9　NISAの年代別口座数割合 (2018年6月末時点)

(出所) 金融庁「NISA口座の利用状況調査」(2018年6月末時点) の資料から作成.

図1-10　年金制度の体系と個人型DC

(注) ＊1：企業型DCへの事業主掛金の上限を42万円とすることで，個人型DCへの加入を認める．
　　 ＊2：企業型DCへの事業主掛金の上限を18.6万円とすることで，個人型DCへの加入を認める．
(出所) 厚生労働省の資料から作成．

　企業型確定拠出年金の採用企業数が伸びており，また2017年1月から個人型確定拠出年金の加入対象者がほとんどの国内居住者に拡大された．

　確定拠出年金の仕組みは，掛金を定めて事業主や加入者が拠出し，加入者自らが運用し，掛金とその運用益との合計額をもとに将来の給付額が決定されるというものである．運用次第で将来の給付額が変わるのに対して，掛金(Contribution)は確定している (Defined) のでDCと略称される．確定拠出年金には，事業主が実施する企業型と，個人で加入する個人型がある．両者とも，原則として60歳まで引き出すことはできない．

　なお，企業年金には，給付額を固定した確定給付企業年金がある．これは，Defined Benefit の頭文字をとってDBと略称される．

企業型DC

企業型DCの仕組みは，次のとおりである．

（i）加入できる者

企業型DCの実施企業に勤務する60歳未満（規約に定めがあれば65歳未満まで加入が可能）の従業員で，かつ厚生年金の被保険者等である者（私学学校教職員共済

制度の加入者も含まれる).

（ⅱ）掛金の拠出者

企業が従業員のために拠出する．規約により従業員も任意で掛金を拠出できる（マッチング拠出という）．従業員の拠出は，拠出限度額の枠内かつ事業主の掛金を超えない範囲である．

（ⅲ）拠出限度額

確定給付企業年金等に加入している従業員は，年額33万円．確定給付企業年金等に加入していない従業員は，年額66万円．

（ⅳ）個人型 DC への加入

2017年1月から，企業型 DC を実施する企業の従業員が個人型 DC に加入することも認められた．企業型 DC と確定給付企業年金等を実施する企業の場合は，企業型 DC の事業主掛金の上限を年額18.6万円とすることを規約で定めた場合に限り，また企業型 DC のみを実施する企業の場合は，企業型 DC の事業主掛金の上限を年額42万円とすることを規約で定めた場合に限り，従業員は個人型 DC に加入できる．

個人型 DC

個人型 DC の愛称は，個人 (individual) の i から，iDeCo (イデコ) と定められ，金融機関等は普及に力を入れている．

（ⅰ）加入できる者

従来は，国民年金の第1号被保険者（自営業者等）あるいは厚生年金の被保険者で，かつ企業型 DC 及び厚生年金基金に加入していない者であった．

2017年1月から，企業年金を実施している企業の従業員や公務員，専業主婦にも拡大されて，原則20歳から60歳未満のすべて国民が加入できるようになった．

（ⅱ）掛金の拠出者

加入者本人が拠出．

（ⅲ）拠出限度額

自営業者等は年額81.6万円．企業年金に加入していない従業員は年額27.6万円．

2017年から拡大された対象者は，次のとおり．専業主婦は年額27.6万円．企業年金に加入している従業員で，確定給付企業年金のみに加入している者は年額14.4万円．企業年金に加入している従業員で，企業型 DC のみに加入している者は年額24万円．企業年金に加入している従業員で，確定給付企業年金と企業型 DC に加入している者は年額14.4万円．

DC の運用方法の指図

DC は，加入者が自己責任で運用を行い，その実績次第で将来受け取る金額が変わるところに大きな特徴がある．このため，加入者に提示する運用商品を選定する企業または運営管理機関（加入者の個人別資産の記録・通知，加入者が行う運用の指図のとりまとめなどを行う機関）の運用商品選定と，その中から運用する商品を選ぶ加入者の選択が重要になる．

DC の運用対象商品は，債券，株式，投資信託，預貯金，信託，保険等となっており，この中から，企業または運営管理機関が運用商品を選定し，加入者に提示する．加入者に提示する運用商品については，従来は「少なくとも 3 本以上で，そのうち 1 本は元本確保型商品」というものから，2018年 5 月の改正確定拠出年金法の施行により，「リスク・リターン特性の異なる 3 本以上35本以下の商品」の提示義務に変更された．この背景には，運用資産の約 6 割を預貯金や保険などの元本確保型が占めており，個人の長期の資産形成に支障があること，もっと長期運用に適した投資信託の活用を促す必要があることという現状があった（図1-11参照）．

また，2018年 5 月の改正確定拠出年金法の施行により，どの商品で運用するか一定期間たっても決めない加入者の掛金を自動的に投じる「初期設定（デフォルト）商品」についてもルールを明確にし，元本確保型が多く指定されている現状から，投資信託を指定する方向へ促している．

商品選択割合

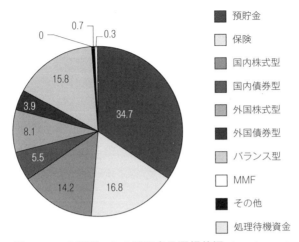

図1-11 企業型DCの運用商品選択状況（2018年3月末現在）

（出所）運営管理機関連絡協議会の資料による．国内株式型からその他は，投資信託・金銭信託等の内訳である．

DCの税金優遇措置

DCは，掛金の拠出時，運用時，給付時に渡って，所得税の優遇措置がある．

（ⅰ）掛金拠出時

従業員拠出金額が全額所得控除（小規模企業共済等掛金控除）の対象になる．節税額は，掛金に税率をかけた金額である．例えば，企業年金のない会社員で所得税・住民税の合計税率が30％の人が個人型に入って，毎月2万3000円を拠出すると，年間27万6000円となり，税金が8万2800円節約できる．

（ⅱ）運用時

運用商品の収益（配当金，収益分配金，譲渡益）が非課税となる．

（ⅲ）給付時

年金で受け取ると，雑所得（公的年金等控除の適用あり）となる．公的年金等控除額は，収入金額と年齢（65歳未満と65歳以上で区分）で定められている．65歳未

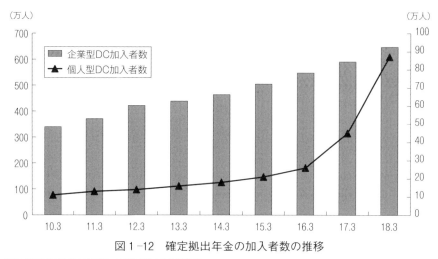

図1-12 確定拠出年金の加入者数の推移

(注) 右側目盛は個人型DC，左側目盛は企業型DC．
(出所) 厚生労働省，運営管理機関連絡協議会の資料から作成．

満で最低70万円，65歳以上で最低120万円となっている．

　退職に基づく一時金として受け取ると，退職所得（退職所得控除の適用あり）として，収入から控除額を引いた金額の2分の1が分離課税となる．

DCの加入者数の拡大

　2018年3月末現在，企業型DCの加入企業数は3万312社，加入者数は約648万人となっている（厚生労働省の資料による．図1-12参照）．確定給付型（DB）からDCへ切り替える企業も増加している．この主な理由には，DBであれば，運用責任を企業が負い，運用利回りが予定を下回ると企業が補填しなければならないという財務面の悪化がある．また，これまで企業年金がなかった中小企業などがDCの導入を積極化している．DBに比べて導入負担が軽く，人材確保に向けて福利厚生を充実する姿勢を訴えやすいためである．

　個人型DC（iDeCo）の加入者数は，2018年3月末現在，約87万人である（運営管理機関協議会の資料による．図1-12参照）．2017年からの加入対象者の大幅な拡

大により，加入者数は急増している．

　こうした企業型 DC，個人型 DC は，個人が投資を始めるきっかけとなり，特に，企業による従業員への投資教育の充実は，欧米に比べて遅れているといわれる個人の金融リテラシーの向上につながり，貯蓄から投資へ，資産形成への流れを加速する道筋の 1 つとなる．

第2章 ポートフォリオ運用の理論

―― 本章のポイント ――

　Don't put all your eggs in one basket――全ての卵を1つのカゴに盛るな．ポートフォリオ運用の本質はこのことわざに表現されるだろう．本章ではリターンとリスクとは何かを確認し，ポートフォリオ運用について考える．ポートフォリオによる分散投資は，組入資産を増やすことによって，個別銘柄に関連する非システマティックリスクを低減させることが可能である．一方，リターンは個別銘柄運用に比べ中程度となることが多い．

　また，安全資産を含むポートフォリオの場合には，理論的には，安全資産とインデックスファンドなどの市場ポートフォリオの組合せが最適となる．ただし実際には，個別銘柄投資のリターンが最適ポートフォリオのリターンを上回る場合も見られる．

1　投資のリターンとリスク

　金融資産の運用にあたって，我々は何を考えるだろうか．おそらく多くの投資家は，高い利益を得たい，または損失を少なくしたいなど，リターンとリスクを考えるはずだ．例えば株式投資であれば，取得時の株価よりも高い価格で売却できた場合，リターンが生じたと感じるだろう．逆に，株価が下がることやそれによって損が生じることをリスクと感じるだろう．しかしそれだけでは，リターンとリスクを正しく認識しているとはいえない．

リターンとリスクを正しく理解することは，金融資産運用の第1歩である．本章では，リターンとリスクの根本的な概念とそれらの管理について理解したい．

金融資産の運用において，リターンとは「収益」であり，収益はすなわち金額で表わすことができる．しかし金額だけでは，投資資金に対してどの程度リターンが得られるのかは把握できない．同じ10万円の利益が出たとしても，投資した金額が1000万円か20万円かによって，その利益の重みは異なってくる．したがって，リターンの度合は「収益率」によって把握する．ただし一口に収益率といっても，実は2つの種類がある．金融資産に投資をする時，リターンについてはこう考えるだろう．まず，その金融資産に投資をしてこれまで実際にどのくらいのリターンが得られたのか，という実績である．そしてもう1つは，これから投資をする場合どのくらいのリターンが得られるだろうか，という将来のリターンへの期待である．これを収益率ではかる時，前者は投資収益率，そして後者は期待収益率，とみることができる．

投資収益率は単純にリターンとも呼ばれる．一定期間の金融資産の投資収益率は，次の2-1式で求められる．

〔2-1式〕

投資収益率（％）

$$= \frac{\text{期中のキャッシュフロー} + （\text{期末価格} - \text{期首価格}）}{\text{期首価格}} \times 100$$

$$= \frac{\text{インカムゲイン} + \text{キャピタルゲイン}}{\text{期首価格}} \times 100$$

期中のキャッシュフローは，インカムゲイン（income gain）と呼ばれる．インカムゲインとは，金融資産運用に際して，ある資産を保有することで継続的に受け取ることのできる収益のことである．例えば株式投資の場合は，株主が企業から受け取る配当金がインカムゲインであり，債券投資の場合は利子収入がインカムゲインとなる．もちろん，インカムゲインの有無や金額は金融商品

によって異なる.

一方, 期末価格から期首価格を引いた差額は, キャピタルゲイン（capital gain）と呼ばれる. キャピタルゲインとは, 保有する金融資産の価格が変動することによって得られる収益のことである. すなわち, 取得時の価格よりも高い価格で売却できた場合に, 売買差額として得られる収益がキャピタルゲインとなる. 逆に, 取得時の価格よりも売却時の価格が低くなる場合もある. この場合は, 売買差損, すなわちキャピタルロス（capital loss）が発生する[1].

一方, 期待収益率とは, ある金融資産に投資する場合に将来得られると予想される収益率の平均の値である. TOPIX（東証株価指数）を例にして, 具体的に考えてみよう[2].

表2-1は, 2012年から2017年の年初における TOPIX の値である.

2016年から2017年の TOPIX の投資収益率を, 年初の数値を用いて算出してみよう[3]. TOPIX へ投資した場合の収益率は, 2-1式に当てはめると,

2016年から2017年の TOPIX の投資収益率

$$\frac{(2017年初の\ TOPIX - 2016年初の\ TOPIX)}{2016年初の\ TOPIX} \times 100$$

$$= \frac{(1554.48 - 1509.67)}{1509.67} \times 100$$

$$= 2.96\%$$
（小数点第3位以下切捨て）

表2-1　TOPIX 年初終値の推移

年	年初
2012	742.99
2013	888.51
2014	1292.15
2015	1401.09
2016	1509.67
2017	1554.48

（出所）東京証券取引所統計より筆者作成.

では，これから投資を行うにあたってどのくらいのリターンが得られるか，将来の収益率をどのように考えればよいだろうか．同様に TOPIX を用いて，1年後の期待収益率を算出してみよう．

期待収益率は将来の予測である．しかしもちろんのこと，TOPIX の数値は日々変動するため，将来の一定時点の数値を的中させることは難しい．期待収益率を考える際には，数値の変動がどの程度起こりうるか，予想されるシナリオを立てて算出する方法が一般的である．ここでは，景気に合わせて TOPIX が変動すると仮定し，3つのシナリオを立てた．

表2-2は現在の TOPIX の値を1600とし，1年後予想される景気のシナリオとそのシナリオが起こりうる確率（生起確率），そしてそれぞれのシナリオにおける TOPIX の予想値である．

シナリオ A は1年後に景気が拡大し，TOPIX が2000になる予想である．この場合の予想収益率は25％となる．

$$\frac{(2000-1600)}{1600} \times 100$$

$$=25\%$$

シナリオ B は1年後の景気は現状維持であり，TOPIX が1700になる予想である．この場合の予想収益率は6.25％となる．

$$\frac{(1700-1600)}{1600} \times 100$$

$$=6.25\%$$

表2-2　TOPIX 推移と投資収益率

現在の TOPIX	予想シナリオ	1年後の景気	予想 TOPIX	予想収益率	生起確率
1600	A	景気拡大	2000	25.00%	30%
	B	現状維持	1700	6.25%	50%
	C	景気縮小	1400	−12.50%	20%

シナリオ C は 1 年後に景気が縮小し，TOPIX が1400になる予想である．この場合の予想収益率はマイナス12.5％となる．

$$\frac{(1400 - 1600)}{1600} \times 100$$

$$= \blacktriangle 12.5\%$$

また，すべてのシナリオが同時に起こるわけではないため，シナリオ A が起こる確率を30％，シナリオ B が起こる確率を50％，シナリオ C が起こる確率を20％と想定している．ここで，それぞれの生起確率と予想収益率から，予想収益率の平均を求めよう．

予想収益率の平均

= それぞれのシナリオの（予想収益率×生起確率）の合計

$= 25\% \times 30\% + 6.25\% \times 50\% + \blacktriangle 12.5\% \times 20\%$

$= 8.125\%$

このように，予想収益率の平均で求められる数値が，期待収益率である．金融資産の期待収益率は，2-2式で求められる．

〔2-2式〕

期待収益率（％）

= 予想収益率の平均

= （それぞれのシナリオの予想収益率×生起確率）の合計

$= \Sigma$（予想収益率×生起確率）

次に，リスクについて考えてみたい．リスクとは何か．ここではまず，アメリカのファイナンスの教科書を紐解いてみよう．リスクについて，次のように説明されている．

「不確実性（uncertainty）は，将来何が起こるかわからないこと一般をいう．

34

リスクとは，その不確実性が経済的に問題になることをいう[4)]」．

　上記の説明をさらに考えてみよう．不確実性が経済的に問題になることがリスクであるということは，必ずしも損をすることだけを意味しない．すなわち，不確実性に伴うリスクによって，大きく利益を得る場合もあるということだ．

　では金融資産運用におけるリスクとは何か．金融資産運用においては，不確実性によって収益率が変動すること，またその度合と定義することができる．

　リスクを考える際に重要なのはその程度である．収益率が変動する，その大きさが問題になろう．リスクの程度においては，一般的に次の3つで表される．

　　　収益率の振れ幅が大きい　→　ハイリスク・ハイリターン
　　　収益率の振れ幅が中位　　→　ミドルリスク・ミドルリターン
　　　収益率の振れ幅が小さい　→　ローリスク・ローリターン

　このリスクの程度は，数値でも表すことができる．ここで用いられるのが標準偏差の概念である[5)]．

　端的に言えば，リスクは標準偏差で示される．標準偏差とは，中心値からのばらつきの度合いである．標準偏差が大きいほど，標準偏差が小さい金融資産に比べリスクが高いと考えることができる．

　まずは標準偏差の算出を，先ほどの**表2-2**の例を用いて説明してみよう．**表2-2**から求められる期待収益率，すなわち予想収益率の平均は，

$$\Sigma（予想収益率 \times 生起確率）$$
$$= 25\% \times 30\% + 6.25\% \times 50\% + ▲12.5\% \times 20\%$$
$$= 8.125\%$$

であった．ここから標準偏差を求めていこう．考え方は以下のとおりである[6)]．

〔2-3式〕
　　リスク＝標準偏差

> 標準偏差＝分散の平方根
>
> 分散＝偏差の二乗の合計
>
> 偏差＝各データの数値とその平均との差

まず偏差を求める．偏差とは平均との差であるから，

シナリオ A の予想収益率と平均の差　25％ − 8.125％

シナリオ B の予想収益率と平均の差　6.25％ − 8.125％

シナリオ C の予想収益率と平均の差　▲12.5％ − 8.125％

分散とは偏差の 2 乗の合計であるから，シナリオの生起確率を考慮すると，

分散＝偏差の 2 乗の合計

　　＝Σ（偏差の 2 乗×生起確率）

　　＝(25％ − 8.125％)^2×30％ + (6.25％ − 8.125％)^2×50％ +

　　　(▲12.5％ − 8.125％)^2×20％

　　＝1.72266％

最後に標準偏差は分散の平方根を求めれば良いから，

標準偏差＝$\sqrt{}$分散

　　　　＝$\sqrt{}$1.72266％

　　　　＝13.125％

このように求められる標準偏差の大きさが何を示すのか．標準偏差は中心値からのばらつきの度合いであり，値が大きいほど平均値からの振れ幅が大きい．現代投資理論ではリターンの分布は正規分布になることを仮定している．

　正規分布とは，図2−1のようにいわゆる釣鐘状の図で表される確率分布であり，正規分布に従えば，中心の値から±1標準偏差の範囲に値が出現する確率が約70％となる（図2−1では縦線で示される面積内にプロットされる）．したがっ

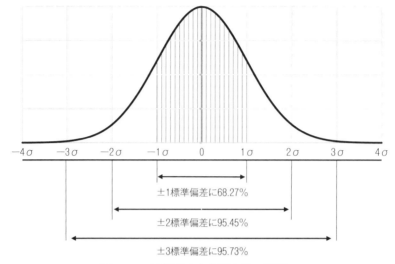

図2-1　正規分布と標準偏差の関係

て，標準偏差が大きければ大きいほど，±1標準偏差の範囲が広くなるため，釣鐘型の裾野は広くなる．これはすなわち，リターンのばらつきが大きくなることを意味する．

以上を基に，過去のTOPIXと東証マザーズ指数を例に見てみよう．[7] 表2-3はTOPIXと東証マザーズ指数それぞれの各年初終値と前年比増減率，およびそれぞれの5年間の平均と，分散および標準偏差の値である．[8]

表2-3では，数値をみると，TOPIXの前年比増減率の標準偏差は20.67%であるのに対し，東証マザーズ指数のそれは54.97%と高い．これは，TOPIXの前年比増減率の偏差（平均値からの差）が45.43%から▲18.51%であるのに対して，東証マザーズ指数の前年比増減率の偏差が109.66%から▲32.76%と，大きいことを示している．このばらつきの度合いを標準偏差が示しており，東証マザーズ指数の方がTOPIXに比べ値幅の振れが大きく，相対的にハイリスク・ハイリターンである，ということが読み取れる．

第2章 ポートフォリオ運用の理論 **37**

表2-3　TOPIX・東証マザーズ指数各年初の数値

	TOPIX			東証マザーズ指数		
	年初終値	前年比	偏差	年初終値	前年比	偏差
2011年	911.80	―	―	396.21	―	―
2012年	742.99	−18.51%	−31.05%	404.37	2.06%	−25.52%
2013年	888.51	19.59%	7.05%	959.33	137.24%	109.66%
2014年	1292.15	45.43%	32.89%	909.67	−5.18%	−32.76%
2015年	1401.09	8.43%	−4.11%	887.14	−2.48%	−30.06%
2016年	1509.67	7.75%	−4.79%	942.68	6.26%	−21.32%
平均	12.54%			27.58%		
分散			4.27%			30.22%
標準偏差			20.67%			54.97%

（出所）各指数数値より筆者作成.

2 ポートフォリオと分散投資

　さて，リターンとリスクの概念が把握できたところで，金融資産の運用においては，リターンを得ることはもちろんリスクの認識と管理も必要となる．ここで確認するのが「ポートフォリオ運用」による「分散投資」である．

　"Don't put all your eggs in one basket"——1つのカゴに全ての卵を盛るな．このことわざはまさにリスク分散の本質を言い表しているだろう．1つのカゴに盛ってしまった卵は，そのカゴが落ちると全て割れてしまうかもしれない．幾つかのカゴに分けておけば，そのうちの1つのカゴが落ちて卵が割れても，他のカゴの卵は無事であり，全体として損失は少なくなる．ポートフォリオ運用の本質は，このことわざに表現されるリスク分散，すなわち分散投資にある．

　ポートフォリオ(Portfolio)の語源は，　書類を入れて運ぶためのケースである．派生して，写真家やデザイナーが自身の作品を集めたファイルをポートフォリ

38

オと呼ぶように，金融商品運用の場合，様々な金融商品を組合せた資産をポートフォリオと呼ぶ[9].

　単純にリターンが高い投資対象があれば，全財産を全てそれに投資するのが最も効率的だろうが，それではリスクを考慮していない．殆どの金融商品には何らかのリスクが存在する．いくらそのカゴが魅力的だからといって，全ての卵を１つの同じカゴに盛るのは得策ではないのは直感的にも分かる．では，分散投資によりリスクがどうなるのかを，具体的に見てみよう．

　単純に，証券Ａと証券Ｂの２つの銘柄の組み合わせを考えてみたい．表2‐4はそれぞれの銘柄と，それらを50％ずつ組み合わせたポートフォリオの期待収益率（リターン）と標準偏差（リスク）である．証券Ａは円高時に収益が上がり，円安時に収益が下がる．一方，証券Ｂは円高時には収益が下がり，円安時には収益が上がると仮定している．

　ポートフォリオのリターンについて見てみよう．証券Ａと証券Ｂを50％ずつ組み入れたポートフォリオの期待収益率は，円高時には９％，円安時には４％，平均して6.5％となる．このようにポートフォリオ運用によるリターンは，個別証券Ａのリターン10％と，個別証券Ｂのリターン３％の中間の値となる．

　次にポートフォリオのリスクを見てみよう．それぞれの標準偏差を算出すると，証券Ａの標準偏差は20％，証券Ｂの標準偏差は15％である．一方，ポートフォリオを組むことにより全体の標準偏差はなんと2.5％にまで低下する．このように，ポートフォリオを組むことで全体のリスクを低下させることを，

表2‐4　証券Ａと証券Ｂの期待収益率と標準偏差

	期待収益率			標準偏差
	円高時	円安時	平均	
証券Ａ	30.0％	−10.0％	10.0％	20.0％
証券Ｂ	−12.0％	18.0％	3.0％	15.0％
ポートフォリオ	9.0％	4.0％	6.5％	2.5％

第2章　ポートフォリオ運用の理論　*39*

表2-5　証券Cと証券Dの期待収益率と標準偏差

	期待収益率			標準偏差
	円高時	円安時	平均	
証券C	−10.0%	30.0%	10.0%	20.0%
証券D	−12.0%	18.0%	3.0%	15.0%
ポートフォリオ	−11.0%	24.0%	6.5%	17.5%

ポートフォリオのリスク分散効果と呼ぶ.

　ではなぜこのようなことが起こるのか. それは**表2-4**の証券Aと証券Bの収益率が, 円高円安のシナリオに合わせて逆方向に動いているからである. 値動きに例えると, 証券Aの価格が上昇する時, 証券Bの価格は下落し, 証券Aの価格が下落する時, 証券Bの価格が上昇する. こうした関係を負の相関関係（逆相関）という. 組入れる資産に負の相関関係があれば, 一方の利益率が低下してももう一方の利益率が上昇し, 低下分を打ち消すこととなる.

　反対に, 同じ方向に値が動くこともある. その場合の関係は正の相関関係（順相関）である. 正の相関関係にある場合, ポートフォリオのリスク分散効果は弱くなる. **表2-5**の通り, 正の相関関係にある証券Cと証券Dの組み合わせでは, ポートフォリオの平均期待収益率が**表2-4**と同じ6.5%であっても, ポートフォリオ全体の標準偏差は17.5%と高く, リスク分散の効果は弱い. したがってポートフォリオ運用の際には, 組み入れる金融資産の収益率や値動きの相関関係に注意する必要がある. 値動きが逆となる負の相関（逆相関）, もしくはそもそも相関が無い資産を組み合わせることが重要となる.

　なお, 2銘柄のポートフォリオにおけるリスクとリターンは, 次の2-4式で示される[10].

〔2-4式〕
　2銘柄のポートフォリオのリターン
　＝個別銘柄のリターン×組入比率の合計

$$= \Sigma \text{（リターン×組入比率）}$$

　２銘柄のポートフォリオのリスク

$$= \{\text{(証券 A のリスク×証券 A の組入比率)}^2 +$$

　　（証券 B のリスク×証券 B の組入比率)^2＋

　　＋２×相関係数×（証券 A のリスク×証券 A の組入比率）×

　　（証券 B のリスク×証券 B の組入比率)$\}$の平方根

$$= \sqrt{} \ \{\text{(証券 A のリスク×証券 A の組入比率)}^2 +$$

　　（証券 B のリスク×証券 B の組入比率)^2＋

　　＋２×相関係数×（証券 A のリスク×証券 A の組入比率）×

　　（証券 B のリスク×証券 B の組入比率)$\}$

3　効率的フロンティア

　さてポートフォリオ運用によって，リスク分散効果を得られること，ポートフォリオのリターンは個別銘柄のリターンの中間の値となるということが分かった．ただしリターンのみに関して言えば，ポートフォリオを組まなければそれよりも高いリターンを得る可能性もある（例2-4の場合は，証券 A に集中投資すればリスクは高いがリターンも高い）．また，ポートフォリオの組入比率は50％とは限らない．では，ポートフォリオはどのように組み合わせて持つべきなのか．

　先ほどの例から，組入比率を変えて説明しよう．表2-6は証券 A と証券 B の組入比率を10％ずつ変化させた場合のポートフォリオの期待収益率と標準偏差を算出したものである．[11]証券 A と証券 B の組み合わせで最もリスクが低くなるのは，証券A40％と証券B60％の組み合わせであることが分かる．

　またこの期待収益率と標準偏差の数値をそれぞれ縦軸と横軸にとってグラフ化したものが図2-2となる．投資家の選択肢はこのグラフの線上のどれかの組み合わせになる．この形状は，さらにリスクとリターンの高い証券 C を加えると次の図2-3のようになる．

第2章 ポートフォリオ運用の理論 *41*

表2-6 ポートフォリオの期待収益率と標準偏差

	期待収益率	標準偏差
証券A	10.0%	20.0%
証券B	3.0%	15.0%

組入比率		期待収益率	標準偏差
証券A	証券B		
100%	0%	10.00%	20.00%
90%	10%	9.30%	16.50%
80%	20%	8.60%	13.00%
70%	30%	7.90%	9.50%
60%	40%	7.20%	6.00%
50%	50%	6.50%	2.50%
40%	60%	5.80%	1.00%
30%	70%	5.10%	4.50%
20%	80%	4.40%	8.00%
10%	90%	3.70%	11.50%
0%	100%	3.00%	15.00%

　複数の証券のポートフォリオにおいては，**図2-3**のグレーで示される組み合わせ（投資機会集合）全てが選択肢となる．ではこれら投資機会集合のうちどの組み合わせを選ぶべきか．ここで考えるべきは，投資家のリスクに対する考え方である．

　現代投資理論では，投資家は「リスク回避型」を想定する．リスク回避型の投資家は，

　　1）同じリターンであれば，リスクがより小さい選択肢を選ぶ
　　2）同じリスクであれば，リターンがより大きい選択肢を選ぶ

行動をとる．この投資行動を先ほどの**図2-3**に当てはめて考えたのが**図2-4**である．

　　1）同じリターンであれば，リスクがより小さい選択肢を選ぶ

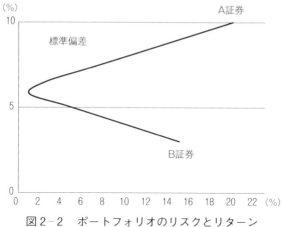

図2-2　ポートフォリオのリスクとリターン

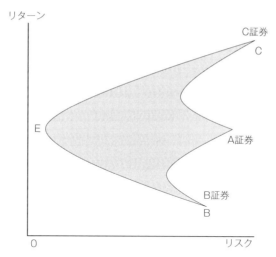

図2-3　複数証券のポートフォリオのリターンとリスク

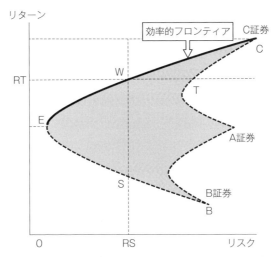

図2-4 複数証券のポートフォリオのリターンとリスク

例えばリターンがRTとなる投資機会集合は点Wから点Tの範囲で示されるが，この内リスクが最も小さい選択肢は点Wとなる．
2）同じリスクであれば，リターンがより大きい選択肢を選ぶ
例えばリスクがRSとなる投資機会集合は点Wから点Sの範囲で示されるが，この内リターンが最も大きい選択肢は点Wである．

こうして，全てのリスクとリターンの投資機会集合からリスク回避型行動により選択していくと，投資家の選択するポートフォリオは最終的には，曲線の頂点Eから点Wを含む点Cまでの曲線となる．このEからCの曲線を効率的フロンティアと呼ぶ．投資家は，効率的フロンティア上のいずれかの点で示されるリターンとリスクのポートフォリオを選択することになる．

〈参考〉 3銘柄のポートフォリオのリターンとリスク
3銘柄のポートフォリオのリターン

＝個別銘柄のリターン×組入比率の合計

＝Σ（リターン×組入比率）

３銘柄のポートフォリオのリスク

＝$\sqrt{}$｛(証券Aのリスク×証券Aの組入比率)²

　＋（証券Bのリスク×証券Bの組入比率)²

　＋（証券Cのリスク×証券Cの組入比率)²＋

　＋２×相関係数×（証券Aのリスク×証券Aの組入比率）

　×（証券Bのリスク×証券Bの組入比率）

　＋２×相関係数×（証券Aのリスク×証券Aの組入比率）

　×（証券Cのリスク×証券Cの組入比率）

　＋２×相関係数×（証券Bのリスク×証券Bの組入比率）

　×（証券Cのリスク×証券Cの組入比率）

　効率的フロンティアは投資家のポートフォリオ選択肢を示している．効率的フロンティア上のどの点を選ぶかについては，投資家の選好，すなわちどの程度リスクを回避度したいか，による．したがってもちろん，ハイリスク・ハイリターンを選好する投資家は点C（証券Cのみ）を選ぶだろうし，最もリスクが低い投資を望む場合は，たとえそれがもっともリターンの小さい投資であっても，点Eのポートフォリオを選択するだろう．

　以上はリスクのある証券のポートフォリオについての考え方であるが，実際にはこれらに加え，例えば国債や預金など，リターンがある程度確定しておりリスクはゼロとみなされる「安全資産」を同時に持つだろう[12]．安全資産をポートフォリオに組み入れた場合，投資の選択肢は大きく変化する．

　図２-５はポートフォリオに安全資産が組み込まれた場合である．

　安全資産はリスクをゼロとみなすため，安全資産の利回りがリターンの点RFで示される[13]．リスク資産で構成されたポートフォリオに安全資産を組み入れる場合，安全資産の点RFから伸びる直線がリスク資産ポートフォリオの効率的フロンティアに接する点Fにおいて表される．この点Fを接点ポートフォ

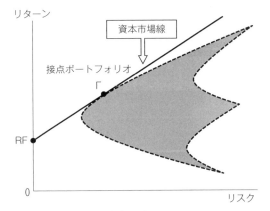

図2-5　安全資産を含むポートフォリオ

リオと呼び，点RFから点Fを通って伸びる直線を資本市場線と呼ぶ．

　安全資産とリスク資産のポートフォリオの場合，リスク資産の効率的フロンティアと資本市場線から組合せを考えることになる．そうすると，リスク資産のポートフォリオの中で最適なのは接点ポートフォリオのみとなるため，投資家にとっては，リスクの選好度合いにかかわらずリスク資産のポートフォリオが決まることとなる．このように，投資家の選好とは独立してリスク資産のポートフォリオが決定される概念を，分離定理と呼ぶ．

　全ての投資家にとっての最適ポートフォリオは，接点ポートフォリオと安全資産の組合せとなる．では，接点ポートフォリオとはリスク資産のどのような組み合わせになるのだろうか．現代投資理論においては，接点ポートフォリオは市場全体の銘柄を時価総額加重で保有する市場ポートフォリオとなる[14]．市場ポートフォリオは例えば，TOPIXなどの市場インデックスで示されるポートフォリオである．したがって，現代投資理論における最適ポートフォリオは，安全資産とインデックスファンドの組合せとなる[15]．投資家は選好に合わせて，例えばリスクを抑えたい場合は預金や国債を増やすなど，安全資産と市場ポートフォリオの組入比率を決定するのである．

4 ポートフォリオのリターンとリスク

　以上の通り，ポートフォリオ運用は究極的には，インデックスファンドと安全資産の組合せとなる．しかしこの組合せによって必ずしもリスクがゼロになるわけではない．市場ポートフォリオにもリスクは存在するからである．

　ここまで，リスクとはリターンの変動度合いであり，分散投資をすることによって低減できることを確かめてきた．組み入れる証券の銘柄を増やしていくとリスクは分散されていき，究極的には市場ポートフォリオが最も分散している形となるが，市場ポートフォリオにおいても，消去できないリスクが残る．それは，市場そのものにかかるリスクである．リスクを大きさではなく種類で考えてみると，以下の2つに分けることができる．

　システマティック・リスク（市場関連リスク）…市場全体に影響するリスク
　非システマティック・リスク(非市場関連リスク)…個別銘柄に関連するリスク[16]

　それぞれの関係は，図2-6に示される．非システマティック・リスクは組入銘柄を増やすほど分散され低下するが，市場そのものにかかるシステマティック・リスクは残る．したがって，市場全体に影響するマクロ経済的事象には注意が必要である．

　現代投資理論においては，市場ポートフォリオであるインデックス投資が効率的とされる．こうした，市場インデックスに準拠し，市場平均リターンと同程度のリターン獲得を目標とする運用をパッシブ運用という．

　一方，こうした現代投資理論は効率的市場仮説を前提としている．効率的市場仮説によれば，市場は常に，利用可能なすべての新たな情報を瞬時に価格に織り込むため，リスクに比べ割高や割安な銘柄は存在しない．したがって，投資家は超過リターンを得ることはできないと仮定している．しかし，効率的市場仮説を支持せず，個別銘柄に投資を行い，市場平均を上回る超過リターンを

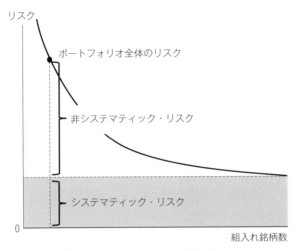

図2-6　ポートフォリオのリスク

目指す運用方法もある．こうした運用をアクティブ運用という[17]．

　現実には，個別銘柄投資が市場平均リターンを上回る場合もあり，パッシブ運用のみが常に有効であるわけではない．市場は常に完全に効率的であるとは限らないし，投資家が常に合理的であるとも限らない．

　そこで，以下の章では，それぞれの有価証券や資産の特徴や運用について見ていこう．

注
1) 計算式の期首，期中がわかりにくければ，取得時と売却時に置き換えてみると分かりやすいだろう．ただし他の金融商品などと比較をする場合には，ある程度同一の期間を取り比較する必要がある．
2) TOPIX（東証株価指数）とは，東京証券取引所の市場第一部に上場する内国株式会社が発行する普通株式全銘柄を対象とする株価指数であり，昭和43年（1968年）1月4日の時価総額を100として，その後の時価総額を指数化したものである．このTOPIXに連動した値動きを目指す上場投資信託（ETF）も販売されている．
3) 実際にTOPIX連動型ETFへ投資する場合には，売買手数料や信託報酬，分配金などが発生する．ただし本章では簡略化し明確にするため，これら期中のキャッシュフ

ローは考えないものとする.

4）Bodie and Merton（2000），p.324. なおリスクには必ず不確実性が伴うが，不確実性には必ずしもリスクは伴わない.

5）リスクに関するさらに詳細な統計的知識を得たい読者は，参考文献などを参考されたい.

6）なお標準偏差は Excel などの表計算ソフトや関数電卓を利用すれば簡単に算出できる．Excel での関数は本書では STDEV.P を利用しているが，サンプルから大きな母集団を推定し算出する STDEV.S 関数も利用される．詳細は統計学の文献などを参照してほしい.

7）東証マザーズ指数とは，東京証券取引所のマザーズ市場に上場する内国普通株式全銘柄を対象とする株価指数であり，平成15年（2003年）9月12日の時価総額を1000として，その後の時価総額を指数化したものである.

8）この例の場合5年間の数値から分散を求めるため，生起確率は5分の1とする.

9）ここでは証券投資の様々な銘柄の組み合わせをポートフォリオと呼ぶが，広くは市場が異なる資産の組み合わせを指す場合もある.

10）相関係数は完全に順相関の場合1，無相関の場合は0，完全に逆相関の場合に−1と，1から−1の間の数値をとる.

11）証券 A と証券 B の相関は完全逆相関（相関係数は−1）とした.

12）実際には国債や預金であっても信用リスク（ソブリンリスク）やインフレリスクが想定されるが，ここでは考えないものとする．債券にかかるリターンとリスクについては第4章で詳述する.

13）この場合のリターンは，預金金利や無担保コール翌日物金利，国債利回りなどが当てはまる.

14）接点ポートフォリオがなぜ市場ポートフォリオになるのか，については，資本資産評価モデル（CAPM）に言及しなくてはならないが，本章では理論的結論を述べるに留め，詳細は参考文献に委ねたい.

15）市場インデックスファンドには，現在日本では TOPIX 連動型上場投資信託（ETF）などが挙げられる.

16）非システマティック・リスクは，固有リスク，残差リスクとも呼ばれる.

17）ポートフォリオ運用は第11章「ポートフォリオ・マネジメント」でも確認する.

参考文献

日本証券アナリスト協会編，小林孝雄・芹田敏夫著『新・証券投資論 I──理論篇』日本経済新聞出版社，2009年.

砺波元『資産運用のパフォーマンス測定──ポートフォリオのリターン・リスク分析』金

融財政事情研究会，2000年.

根岸康夫『現代ポートフォリオ理論講義』金融財政事情研究会，2006年.

Zvi Bodie and Robert C. Merton, *Finance*, First edition, Prentice-Hall, Inc., 2000（大前恵一朗訳『現代ファイナンス論 意思決定のための理論と実践 改訂版』ピアソン・エデュケーション，2001年）.

Zvi Bodie, Alex Kane, Alan J. Marcus, *Investment*, 10th ed., McGraw-Hill Education, 2013（平木多賀人・伊藤彰敏・竹澤直哉ほか訳『インベストメント 第8版（上）（下）』日本経済新聞出版社，2010年）.

第3章 株式市場

本章のポイント

　株式市場には，資金調達の場である発行市場と，資産運用の場である流通市場がある．未上場企業が，発行市場で株式を発行し資金を調達することを株式公開（IPO）といい，全国に複数市場存在するが中心は東証である．株式の発行形態には，公募増資などの種類がある．株式の公開価格はブックビルディング方式によって決まり，上場して初めて成立する価格を初値という．

　株式が投資家間で売買される市場である流通市場には，発注方法に成行注文と指値注文があり，株価決定方法に板寄せ方式とザラバ方式等がある．一般取引による実需給に加え，仮需給を導入するため信用取引が行われている．信用取引は，株価下落局面でも利益を得ることが可能で，保有資産の最大約3倍取引が可能であるが，大きなリスクもある．

1　株式の発行市場と流通市場

　株式市場は公社債市場同様，発行市場と流通市場がある．発行市場とは，資金調達の目的で新たに発行する証券への出資者（投資家）を募集する市場であり，発行者（発行体）から仲介者（証券会社）を介して投資家に資金と引き換えに証券を取得させる市場である．流通市場とは，既に発行された証券が投資家の間で売買される市場で，資産運用の場のことをいう．流通市場が低迷していれば，証券を発行して資金を調達することは困難になることがあるが，逆に流

通市場が活況であれば，資金調達は比較的容易に行うことができる．また，既存の上場企業が行っていない業務（新しいビジネスモデル）をしている企業の株式などが発行されれば，市場への参加者が増加して売買が活発に行われる可能性もある．このように，発行市場と流通市場は車の両輪に例えられるほど互いに密接に関連している．

2　株式の発行市場

（1）株式の発行市場

　株式会社の株式が，オーナーやその親族など少数の株主により所有され，株式の譲渡が自由に行えない企業を未公開企業といい，その未公開企業の株式が自由に売買可能になることを，株式公開や上場あるいは IPO（Initial Public Offering）といわれる．

　株式が公開される市場は，証券取引所（金融商品取引所）で，日本には東京証券取引所（東証），名古屋証券取引所（名証），札幌証券取引所（札証），福岡証券取引所（福証）の５つ存在する．このうち，東証，名証は株式会社組織で，札証，福証は証券会社を会員とする会員組織である証券会員制法人の証券取引所である．また，東証，名証には市場第一部と市場第二部があり，このほか新興企業向け株式市場として，東証には東証マザーズと東証ジャスダック，名証にはセントレックス，札証にはアンビシャス，福証にはQボードという市場がある．

（2）株式の種類

　企業が発行する株式には，普通株式や種類株式と呼ばれる優先株式，劣後株式等の種類がある．普通株式とは，株式を所有である株主に与えられる権利はどの株式も同じであるというものである．これに対し，優先株式や劣後株式等の種類株式は株主に与えられる権利内容が異なるものである．優先株式は，剰

第3章　株式市場　*53*

表3-1　種類株の内容も多様化している

企業名	時期	内容
ソニー	2001年6月	子会社の業績や配当に連動する「トラッキングストック」を上場（05年に上場廃止）
国際石油開発帝石	04年11月	1株でも拒否権を持てる「黄金株」を旧石油公団が保有して株式上場（現在は経済産業相が保有）
伊藤園	07年9月	議決権がない代わりに配当を優先的に支払う「無議決権優先株」を上場
サイバーダイン	14年3月	普通株の10倍の議決権のある種類株を創業社長が保有してIPOした
太陽ホールディングス	15年5月	譲渡制限など条件が付く種類株を役員に第三者割り当て発行すると発表
トヨタ自動車	15年6月	5年間の保有を条件に発行価格での買い戻しなどに応じる「AA型種類株式」発行を株主総会に諮る

（出所）『日本経済新聞』2015年6月16日.

余金の配当や会社の残余財産の分配について他の株式よりも優先されるものであり，その反対にこれらが劣後されるものを劣後株式という．そのほか種類株式には，剰余金の配当は優先されるが残余財産の分配は劣後されるという優先株式と劣後株式の性格が混合した混合株式や，株主総会での議決権の行使が全部または一部制限されている議決権制限株式等，近年はその内容も多様化している（表3-1）．

3　株式発行の形態

　株式会社は，会社設立後も主に資金調達のためなどに新たに株式を発行するのが一般的である．新たに株式が発行される形態には，資金の払い込みを伴う方法と，払い込みが行われない方法がある．資金の払い込みを伴う発行は，一般的に株式会社が資金調達の目的で株式を発行することを指し，新株発行或いは増資といわれる．新株発行には，公募増資，第三者割当増資，株主割当増資などの方法がある．

表3－2　上場会社資金調達額　　　　　（百万円）

年	株主割当		公募		第三者割当	
	件数	調達額	件数	調達額	件数	調達額
1998	―	―	8	278,181	32	688,016
1999	―	―	28	349,715	75	2,347,286
2000	2	8,240	24	494,149	46	922,756
2001	3	32,047	18	1,201,483	57	477,176
2002	―	―	19	153,312	62	484,350
2003	2	1,451	35	567,236	84	223,161
2004	1	2,729	78	750,232	129	572,627
2005	2	3,721	74	650,847	150	778,055
2006	―	―	69	1,447,724	145	416,476
2007	1	8,086	37	386,074	117	662,102
2008	1	139	8	310,253	93	395,840
2009	―	―	43	4,944,339	115	714,609
2010	1	689	39	3,107,568	88	535,606
2011	―	―	25	856,570	66	395,151
2012	1	414	24	419,730	71	159,327
2013	1	981	67	740,153	151	371,855
2014	―	―	63	1,143,345	190	392,844
2015	1	56	52	878,900	187	163,546
2016	1	221	23	81,931	151	623,017
2017	2	106	41	356,038	238	881,585
2018	―	―	49	245,613	303	214,568

（注）公募は新規公開を除く
（出所）日本取引所グループHP（https：//www.jpx.co.jp/markets/statistics-equities/misc/06.
　　　html，2019年4月20日閲覧）．

　公募増資とは，不特定かつ多数の投資家に対して，新株を発行するものである．公募価格は時価を基準にした価格で行われる．公募増資を実施する企業にとっては，一度に大量の資金を調達できるため財務基盤を強化できるなどのメリットがあるが，既存の株主にとっては持ち株比率を低下させることに加え，発行済み株式数が増加することに伴い1株当たり利益が希薄化するというデメリットもある．そのため，公募増資後の確固たる成長戦略を示すことのできない企業や，相場が下落基調にある時などの大規模な公募増資などは，株価を低迷させる要因の1つになることもある[1]．

　第三者割当増資とは，取引先や取引金融機関及び従業員などの当該企業と何

第3章　株式市場　55

表3-3　第三者割当増資への規制比較

	東証の上場規程	改正会社法
対象会社	上場会社	公開会社（株式の全部か一部に譲渡制限を設けていない会社）
対象取引	第三者割当増資で①希薄化率が25％以上になるとき，または②支配株主が異動する見込みがあるとき	第三者割当増資などの結果，①引受人が総株主の議決権の2分の1超をもつとき，かつ②総株主の議決権の10％以上をもつ株主が反対したとき
必要となる手続き	①経営者から独立した者による意見の入手か，②株主総会決議などによる株主の意思確認	株主総会の普通決議
手続きが不要になる場合	緊急性が極めて高い場合	財産の状況が著しく悪化し，事業継続のため，緊急の必要があるとき

（注）希薄化率とは，発行前の議決権総数に対する，発行する株式の議決権の割合.
（出所）『日本経済新聞』2014年7月25日.

らかの関係のある特定の第三者に対して新株予約権を割り当て，新株式を発行するものである．業務提携先との関係を強化する場合などに利用される．第三者割当増資は，新株発行額が多いと既存株主にとっては持株比率が大幅に低下することになり，不公正な価格で新株発行が行われた場合には，経済的な不利益を被る可能性があるなど，様々な問題がある．そこで，新株を特に有利な価格で発行するときは，会社の取締役は株主総会でその理由を開示して特別決議を諮る必要があるなど，会社法により詳細にルールが決められている．

　株主割当増資とは，新株の発行に際してそれを引き受ける権利（新株予約権）を既存の株主に割り当てるものである．株主は資金を払い込むことで所有株数に応じた新株が割り当てられる．新株の発行価格は時価と関係なく設定される．株主割当増資は，既存の株主の持ち株比率を維持するため，経営権の移転が生じない増資方法である．従来の東証の上場規則では1つの新株予約権に対して，新株を1株割り当てることになっていたことから，発行済み株式が倍以上になる増資しかできないなど使い勝手が悪かった．そこで，2009年末にこの規則が撤廃され，株主割当増資の一種の「ライツ・イシュー」が可能となった．ライ

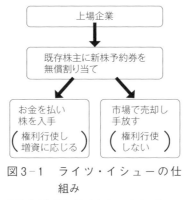

図3-1 ライツ・イシューの仕組み

(注) 権利行使も売却もしないことも可能．
(出所)『日本経済新聞』2017年7月13日．

ツ・イシューは，既存の株主に新株を割り当てるのではなく，まず新株予約権（ライツ）を無償で割り当てるものである．既存の株主は，増資に応じ権利行使価格を払い込めば新株を取得でき一方，増資に応じたくなければ新株予約権を売却できる．その場合，新株予約権を購入した投資家が権利行使価格を払い込めば新株を取得できる（図3-1）．

一方，資金の払い込みを伴わない新株の発行には，株式分割，株式無償割当てという種類がある．株式分割は，1株をいくつかの株式に分割することで発行済み株式数を増やすことをいう．これに伴い会社の資産や資本が増えるわけではないが，株式数が増加することに加え，分割により1株当たりの株価を引き下げることになるので，一般的に株式の流動性が向上し，将来の資金調達を容易にさせる効果があるといわれている．

株式無償割当てとは，株式分割と同様，株主の有する株数を増加させるものである．ただし，株式分割は同じ株式しか交付できないのに対して，株式無償割当てでは，別の種類の株式を交付することが可能である．例えば，普通株式を対象にした株式分割では普通株式しか交付できないが，株式無償割当てでは優先株式を保有する株主に普通株式を交付することが可能である．また，株式

分割は発行会社が所有する自己株式（金庫株）にも株式を交付する必要がある
のに対して，株式無償割当ては金庫株に対しては株式を交付してはいけないこ
とになっている．

4 公開価格の決定方式

　株式を証券取引所に新たに公開（新規上場）する際における価格を公開価格（新
株発行（公募）の発行価格を公募価格，既発株式の売り出しの価格を売出価格ともいう）と
いい，ブックビルディング方式（需要積み上げ方式）によって決定される．

　ブックビルディング方式とは，発行会社の妥当な株価を算定する能力が高い
と思われる機関投資家等の意見をもとに価格帯（仮条件）を設定し，この仮条
件を投資家に提示して，需要申告期間（ブックビルディング期間）に投資家の需要
を把握したうえで，市場動向に合った公開価格を決定するものである（図3-2）.

　一般的にブックビルディング方式のメリットとしては，①株式公開後の流
通市場まで勘案した公開価格の決定が可能となり，株価への信頼性を高めるこ
とが期待されること，②長期投資を目的とする機関投資家の市場参加を促進
し，市場の効率化・活性化が期待されること，③引受証券会社が主体的に公
開価格の決定に関与する結果，マーケットメイク機能をより積極的に発揮でき
ること，④手続きが簡潔化され，公開日程の短縮が可能となり，需要動向に
応じた弾力的な発行が期待されること，が挙げられる[2]．なお，当初の予定公募・
売り出し数量を超える需要があった場合，主幹事証券会社が，対象企業の既存
株主から一時的に株式を借り，同一条件で追加的に投資家に株式を売り出す
オーバーアロットメントが実施される．上限は公募・売り出し数量の15%と
なっている．主幹事証券会社は株式を借りるのと同時に，発行会社または株式
を借りた株主から，引受価格（売出価格から引受手数料を差し引いた価格）と同一条
件で追加的に株式を取得する権利（グリーンシューオプション）が付与される．オー
バーアロットメントを利用すれば，人気の高い新規公開株ほど公開価格を大き

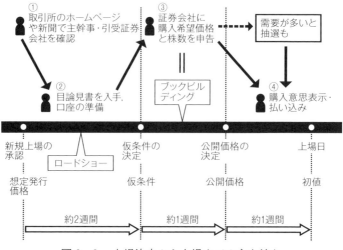

図 3-2　上場決定から上場までの主な流れ

(出所)『日本経済新聞』2012年4月25日.

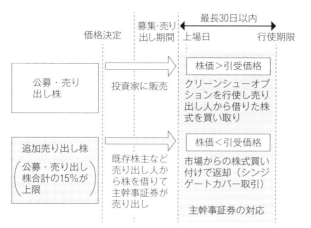

図 3-3　新規公開企業のオーバーアロットメントの流れ

(出所)『日本経済新聞』2002年10月26日.

く上回る初値がつくのをある程度抑制することが可能である.

　公開価格が決まると，ブックビルディング期間に希望する値段と株数を申告した投資家のうちから，公開価格で購入できる投資家が決定される（図3-2）.証券会社には，多くの投資家に行き渡るように販売予定株数の一定割合以上を抽選で配分するように義務付けられている.

　株式を証券取引所に上場して初めて売買が成立した株価を初値という. 株式市場では，公開価格と初値を比較して，初値の方が上回った場合を「勝ち」，その割合を「勝率」ということがあり，新規公開市場の活況度合いをみる指標にすることもある.

　株式公開後，オーバーアロットメントにより売却が行われた際は，借入先に返却する必要があるが，その方法にはグリーンシューオプションの行使とシンジケートカバー取引がある（図3-3）.公開後の株価が引受価格を上回って推移すると，市場で買い付けると損失が発生するため，グリーンシューオプションを行使し代金を支払う.公開後の株価が引受価格を下回って推移すると，市場から株式を調達（シンジケートカバー取引）し，借入先に返却する.

　なお，新規上場直後は，株価は乱高下する可能性が高いため，上場直後の株価を安定させる目的で， 経営者やベンチャーキャピタル（VC）などの大株主に，持ち株売却を一定期間制限するロックアップ条項が設けられることもある. 売却制限期間は通常，半年間で，主幹事証券会社が大株主と取り結ぶ. この条項がある場合，売却制限期間終了とともにVCなどは売却することが多いので，需給に影響を及ぼす可能性がある.

5　株式の流通市場

（1）株式の流通市場

　株式の流通市場とは，発行された株式が投資家と投資家の間でその時々の価格（時価）で売買される市場のことをいう. 通常，投資家は株式を購入あるい

は売却したい場合，証券会社に注文を出し，その証券会社を通して証券取引所に送られ，そこで売買が成立する．以下，東証の制度を中心に売買制度をみていく．

投資家は注文する際には，対象となる銘柄，売り買いの別のほか，値段や株数を決める．売買値段を指定する注文を指値注文といい，売買値段を指定しない注文を成行注文という．指値注文を発注する際に申し出る値段を呼び値といい，売ろうと申し出る値段は売り呼び値，買おうと申し出る値段は買い呼び値という[3]．また，株式発行会社が決める一定株数を売買単位（1単元）とする単元株制度があるため，投資家はその整数倍以上しか発注できない．1単元は，以前は1株から2000株まで8種類あったが，2018年10月から上場株式は全て100株となった．1単元に満たない株式は単元未満株といわれ，通常の方法で売買できず，証券会社の取り決めにより売買（相対取引），あるいは，買取請求により売買することが可能である．なお，売買が成立することを約定という．

（2）株式の売買取引

証券取引所における株式の売買取引は，価格優先の原則と時間優先の原則にもとづくオークション方式により売買される．価格優先の原則とは，売り注文では値段の一番安い注文が他の注文に優先し，買い注文では値段の一番高い注文が他の注文に優先して執行されるという原則である．時間優先の原則とは，同一値段の注文では，市場に先に出された注文が後に出された注文に優先して執行されるという原則である．これら2つの原則によって，注文の優先順位を公平に定めているが，1日の間での大幅な価格変動に一定の歯止めをかけるため，前日の終値を基準に一定の制限値幅（上限値段をストップ高，下限値段をストップ安）が定められており，制限値段を超えた値段で注文を出すことはできない．

証券取引所で取引が行われる時間を立会時間といい，前場（9時〜11時30分），後場（12時30分〜15時）に行われている．前場の取引開始時を寄り付き，取引終了時を前引け，後場の取引開始時を後場寄り，取引終了時を大引け，前場・後

第3章　株式市場　*61*

場の取引開始から終了までをザラバという.

　証券取引所における株式の売買は個別競争売買により行われ, それには板寄せ方式とザラバ方式の2種類の株価決定方法がある.

　板寄せ方式は, 前場と後場の寄り付きや引けで始値や終値を決定する場合や, 売買が中断された場合の再開後最初の値段を決定する場合などに用いられるものである. この方法は, 売り注文と買い注文の優先順位の高いものから順次対当させ, 数量的に合致する値段を求め, この値段を約定値段として売買を成立させるものである. なお, 始値が決定されるまでの注文はすべて同時に受け付けた注文 (同時注文) とされ, 時間優先の原則は適用されない. では始値の決定を具体的にみていく. 立会時間前の注文状況が**表3-4** (a) のようになっていたとする. これを, 成行注文はいくらでもよく, 指値注文は売りの場合は指値以上で売り, 買いの場合は指値以下で買うことを意味するため, 売り注文については成行注文から安い値段の指値注文の順に加算し, 買い注文については成行注文から高い値段の指値注文の順に加算し, 累計数量する. それを整理したものが, **表3-4** (b) である. この結果, 801円のところで売り注文と買い注文の株数は8000株ずつで数量的に合致するので, 始値は801円となり, 売り注文のA社, G社の注文, 買い注文のB社, H社, I社の注文との間で売買が成立する. 板寄せ方式で売買が成立しなかった売買注文は, ザラバ方式により処理される.

　ザラバ方式とは, 始値が決定された後, 終値が決まるまでの間の立会時間中 (ザラバ) に継続して行われる価格決定の方法で, 価格優先の原則, 時間優先の原則に従って, 売り注文と買い注文が一致するごとに約定が成立する. 具体的には, **表3-5**のような注文状況であった場合, 売り注文では, 価格優先の原則により802円のE社とF社の注文が優先し, 時間優先の原則によりF社の注文が優先する. 同様に買い注文では, A社の注文が最も優先する. ここに新たにN社から802円で3000株の買い注文があったとき, 価格優先の原則によりA社に優先して, F社の2000株全部と, E社の3000株のうち1000株の間で

表3-4 板寄せ方式

(a) 立会時間前の状況

売り注文	値　段	買い注文
A社3,000株	成行	B社4,000株
C社1,000株，D社3,000株	803	
E社3,000株，F社2,000株	802	H社1,000株
G社5,000株	801	I社3,000株
	800	J社3,000株，K社1,000株

(b) 売買取引の成立

売り注文	値　段	買い注文
17,000株	803	4,000株
13,000株	802	5,000株
8,000株	801	8,000株
3,000株	800	12,000株

表3-5 ザラバ方式

売り注文	値　段	買い注文
C社1,000株，D社3,000株	803	
E社3,000株，F社2,000株	802	
	801	A社2,000株，B社1,000株
	800	J社3,000株，K社1,000株
	799	L社5,000株，M社2,000株

(注) 内側の注文の方が先に出されたことを示す.

売買が成立する.

　証券取引所で売買が成立すると，清算機関で清算され，決済機関で決済が行われる．清算機関とは，売買の相手側に代わり，証券の受渡しや資金（決済代金）の受払いについて債務の引き受けを行い，決済履行を保証する主体であり，日本証券クリアリング機構がこれに当たっている．同機構は決済の相手方として，決済機関に対して証券や資金の振替指図を行っている．決済機関は，株式や新株予約権付社債などは証券保管振替機構，国債は日本銀行，資金は日本銀行又は資金決済銀行（日本証券クリアリング機構が指定する市中銀行）である.

（3）信用取引

　株式取引が円滑に行われ，公正な価格が形成されるためには，多くの需要と供給が必要であることから，一般取引による実需給に加え，信用取引による仮需給が導入されている．信用取引とは，証券会社が顧客に信用を供与して行う取引のことで，顧客に対する金銭または有価証券の貸付又は立て替えをする取引である．信用取引の買い（空買い）は，株式の買付に必要な代金を証券会社から借りて株式を購入する取引で，信用取引の売り（空売り）は，売付に必要な株式を証券会社から借りて株式を売却する取引である．

　信用取引を行う際は，証券会社により異なるが，取引金額の3割以上（最低30万円）を委託保証金として差し入れる必要がある．委託保証金は現金だけでなく，株式や公社債なども代用有価証券として差し入れることが可能である（不可の場合もある）．また，信用取引を行った際には，通常1カ月経過するごとに管理費が発生し，加えて買い方には約定金額に対して金利（信用金利）が，売り方には貸株料が発生する．さらに，信用取引で貸借される株式が不足すると品貸料（逆日歩）が発生し，売り方は買い方にこれを支払わなければならない．

　信用取引は証券会社が投資家に買付代金や売付株券を貸すわけであるが，証

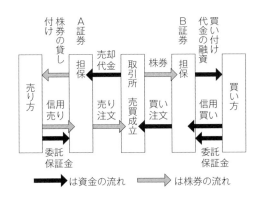

図3-4　信用取引の流れ
（出所）『日本経済新聞』2001年7月24日．

券会社がこれらを調達できない時は，証券金融会社から調達する．この証券会社と証券金融会社との間の取引を貸借取引といい，貸借取引が行われている銘柄を貸借銘柄という．

信用取引には，制度信用取引と一般信用取引がある．制度信用取引とは，取引所の規則により決済（弁済）期限や品貸料の金額が決められており，決済までの期間は最長6カ月間で，期日までに必ず決済する必要がある．対象銘柄は上場株式のうち一定の基準を満たした信用銘柄であり，このうち貸借銘柄は，基本的に空売りは可能であるが，貸借銘柄でない信用銘柄（非貸借信用銘柄）は，原則空売りはできない．これに対して一般信用取引は，決済（弁済）期限等を投資家と証券会社との間で自由に決めることができる取引であるが，証券会社は貸借取引ができないため，取引には制限がある．

信用取引は，株価の下落局面でも利益を得ることが可能で，保有資産の最大約3倍取引が可能であるなど大きなリターンを期待できる半面，大きなリスクもある．信用取引で売買した株式が，相場の変動により含み損が大きくなった場合や，代用有価証券が値下がりして必要額より不足した場合，その含み損分は委託保証金から減額される．取引額に対する委託保証金の比率が証券会社の定める最低保証金維持率（通常，20～30%）を下回った場合，追加の保証金を差し入れる必要がある．これを追い証（追加保証金）という．例えば，委託保証金60万円を差し入れ200万円の株式を信用取引で購入したとする（最低保証金維持率を20%とする）．その後，その株式が180万円に値下がりした場合，委託保

表3-6　制度信用と一般信用の違い

	制度信用	一般信用
決済期限	6カ月以内	証券会社が決める
取引銘柄	取引所が定めた銘柄	証券会社が決め，ほぼ全て
金利・貸株料	安い	高い
逆日歩	あり	なし

（出所）『日本経済新聞』2014年7月15日．

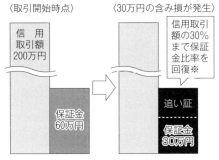

図 3-5 追い証発生の例

（注）追い証解消に必要な保証金の比率は証券会社によって異なる．
（出所）『日本経済新聞』2013年5月17日．

証金からこの含み損（20万円）を差し引くと，委託保証金は40万円となり，ぎりぎり保証金維持率20％（40万円）で維持しているので，追い証は発生しない．しかし，その後さらに値下がりし，170万円になると委託保証金から含み損（30万円）を差し引くと委託保証金は30万円となり，保証金維持率は15％となるため，当初の委託保証金額（60万円）まで追い証を30万円分差し入れなければならない．[4]

　信用取引の決済方法には，差金決済（反対売買）と現物決済がある．差金決済は，反対売買（売却または買い戻し）を行い売買価格差（差金）の受払いを行うものである．現物決済は，信用取引の買い方が買付代金相当額を渡して株式を受取る現引きと，売り方が売付株式を差し出し代金を受取る現渡しがある．

注
1）もっとも，長期的な分析を行った大和証券 SMBC 金融研究所投資戦略部（吉野氏の研究グループ）によると，1998年4月から2009年9月末までに公募増資を実施した208銘柄を対象に TOPIX に対する株価動向は，長期的には回復する傾向にあるという報告もなされている（吉野貴晶ほか「公募増資企業の短期と長期の株式パフォーマンス」『日本株クオンツマンスリー』大和証券 SMBC，2009年11月号）．
2）野村証券のサイトの証券用語解説集「ブックビルディング方式」（http：//www.

nomura.co.jp/terms/japan/hu/bookbuilding.html, 2019年4月20日閲覧).

3）呼び値の刻みは株価の水準により決まっており，例えば3,000円以下の値段で注文を出す場合は1円刻み，3,000円超から5,000円以下の場合には5円刻み，となっている.

4）証券会社によっては，最低保証金維持率まででいい場合もある.

参考文献

坂下晃・外島健嗣・田村香月子『証券市場の基礎知識』晃洋書房，2010年.

日本証券経済研究所編『図説 日本の証券市場2018年版』日本証券経済研究所，2018年.

吉野貴晶・前山裕亮「公募増資企業の短期と長期の株式パフォーマンス」『日本株クオンツマンスリー』2009年11月号，大和証券SMBC.

第4章 株式投資

―― 本章のポイント ――

　株式投資を実際に行う際は，様々な情報を分析し，それを判断する必要がある．市場全体がどう動いているのかは市場全体の動向を表すモノサシである株価指数で判断でき，それには日経平均株価やTOPIXなどの種類がある．銘柄を選択する際のモノサシとなるのが投資指標であり，配当利回り，株価収益率（PER），株価純資産倍率（PBR）などが利用される．株式投資を行う際は，株価は様々な要因により変動することを理解することも重要である．株価変動要因には市場全体の要因や個別要因など様々なものがある．また投資のタイミングを判断する時には，株価チャートや移動平均線などが利用される．

1　株価指数

　株式市場の全体の動向について表すモノサシを株価指数という．代表的な株価指数には，単純平均株価，日経平均株価，東証株価指数，JPX日経インデックス400といったものがある．

（1）単純平均株価

　単純平均株価は，対象となる個々の銘柄の株価を合計し，その銘柄数で割って算出されるものである．

$$単純平均株価 = \frac{対象銘柄の株価合計}{銘柄数}$$

例えば，東証一部の単純平均株価は，東証一部上場全銘柄の終値合計を東証一部上場全銘柄数で除して求める．

単純平均株価は計算が非常に簡単で，現在の株式市場での株価水準を見るのに便利である．しかし，ある採用銘柄の株価が株式分割等の権利落ちで値下がりすると，単純平均株価も値下がりしてしまうため，指標としての連続性を失い，過去との比較ができなくなってしまうという欠点がある．

例えば，A，B，Cの3銘柄があり，それぞれの株価が300円，500円，1000円とすると単純平均株価は(300円＋500円＋1000円)÷3＝600円となる．この時，C社が1：4の株式分割を行うと，C社の理論株価は1000円÷4＝250円となり，単純平均株価は (300円＋500円＋250円) ÷3＝350円となる．

このように権利落ちがあった場合は，市況の変動にかかわらず株価は理論株価まで値下がりし，その結果，単純平均株価も値下がりしてしまうため，その連続性は失われてしまう．

（2）日経平均株価

日経平均株価は，東証一部上場銘柄のうち市場を代表する225銘柄の株価の合計を除数で割って算出されるもので，1950年9月から公表されている．日本経済新聞社が算出・公表している．前述の単純平均株価は，構成銘柄の権利落ちにより連続性が失われるため，連続性を失わないように工夫したものが修正平均株価であり，代表的な指数が日経平均株価である．日経平均株価の最高値はバブル経済期の1989年12月29日付けた38915.87円である[1]．

日経平均株価を算出するに際し，採用される株価は証券取引所の株価を全てそのまま用いるのではなく，「みなし50円額面」換算される．「みなし50円額面」は，2001年商法改正で廃止されるまで存在した株式の額面をベースにしたもので，全ての銘柄を旧50円額面換算して求めたものである．また除数とは，株式分割による権利落ちや銘柄入れ替えなどが生じた場合に，指数に連続性を持たせるために用いられるものである．この方法は，米国のダウ・ジョーンズ社考

第4章 株式投資 69

案したダウ式平均を参考にしている．日経平均株価は次の計算式で算出される[2]．

$$各構成銘柄の採用株価 = 株価 \times \frac{50}{みなし額面}$$

$$日経平均株価 = \frac{構成銘柄の採用株価合計}{除数}$$

除数は，権利落ちや銘柄入れ替えの際に修正される．日経平均株価は指標性を維持するため，毎年10月初めに，市場流動性や業種のバランスを考慮し，構成銘柄の入れ替えが行われる（定期見直し）．合併や上場廃止の際も，225銘柄を維持するために構成銘柄入れ替えが行われる（臨時入れ替え）．

日経平均株価は値嵩株（ハイテク関連セクターなど）と呼ばれる株価の高い銘柄の影響を受けることが多いという性格がある[3]．

（3）東証株価指数（TOPIX）

東証株価指数は TOPIX（トピックス）と呼ばれ，東証一部市場全銘柄の時価総額を加重平均して算出されるものである．1968年1月4日の時価総額を100とし，その後の時価総額を指数化したもので，東証により，算出・公表されている．新規上場，公募増資などにより上場株式数に増減が生じた場合には，指数の連続性を維持するため基準時価総額により修正される．指数値の単位はポイントで，小数点第2位まで表示される．TOPIX の最高値はバブル経済期の1989年12月18日付けた2884.80ポイントである．

$$TOPIX = \frac{算出時の指数用時価総額}{基準時価総額} \times 基準値$$

＊算出時の指数用時価総額＝Σ（各銘柄の指数用株式数×採用価格）

＊各銘柄の指数用株式数＝各銘柄の指数用上場株式数×各銘柄の浮動株比率

TOPIX は時価総額が大きい銘柄（内需セクターなど）の影響を受けやすいという性格がある．

なお，日経平均株価と TOPIX の指数の特徴の違いから，株式市場の流れを判断するものに，「NT 倍率」という指標が利用されることがある．これは日経平均株価「N」を TOPIX「T」で除して算出されるものである．

$$NT \text{ 倍率（倍）} = \frac{\text{日経平均株価}}{TOPIX}$$

NT 倍率は，どのセクターが上昇しているのかを判断する際に利用される．例えば，日経平均株価の動向に影響が大きいハイテク関連セクターの株価が，TOPIX の動向に影響が大きい内需セクターの株価より上昇すると NT 倍率は上がり，逆なら NT 倍率は下がるという特徴がある．

（4）JPX 日経インデックス400

JPX 日経インデックス400は，「資本の効率的活用や投資者を意識した経営観点など，グローバルな投資基準に求められる諸要件をみたした，「投資者にとって投資魅力の高い会社[4]」400社で構成された株価指数である．日本取引所グループ，東証及び日本経済新聞社により共同開発された指数で，2013年8月30日を10000ポイントとし，2014年1月から算出・公表されている．東証一部・二部，マザーズ，ジャスダックの上場銘柄を対象にし，一定条件を満たした売買代金と時価総額が大きい企業から，自己資本比率（ROE）・営業利益・時価総額の3指標の総合スコアから絞り込み，企業から独立した社外取締役の選任といった企業統治の取り組みなど定性的な評価も加味して選定される[5]．算出方法は浮動株調整時価総額加重型である．

（5）米国の株価指数

米国の株価指数として，ニューヨーク・ダウ工業株30種平均，S&P500種株

第4章　株式投資　*71*

価指数，ナスダック総合指数などがある．ニューヨーク・ダウ工業株30種平均
は，1896年から算出されている株価指数で，米国株式市場（ニューヨーク証券取
引所やナスダック）に上場する主要30銘柄で構成されている．日経平均株価の算
出方法のモデルになったダウ式平均により株価を基に算出・公表されている．
S&P500種株価指数は，米国株式市場に上場する主要500銘柄で構成されており，
時価総額加重平均型の株価指数である．ナスダック総合指数は，米国の全米証
券業協会が開設しているナスダックに上場している企業を対象にした株価指数
で，時価総額加重平均型の株価指数である．

2　株式投資指標

　株式投資を行ううえで，銘柄選択のモノサシとなるのが投資指標（投資尺度）
である．ただし，どの投資指標もそれだけで万全というわけではなく，他の指
標と組み合わせて判断する必要がある．代表的な投資指標には，配当利回り，
株価収益率，株価純資産倍率，自己資本利益率などがある．

（1）配当利回り

　配当利回りは，1株当たり配当金を株価で割った比率で，株式投資額のうち
何％が1年間に配当金として得ることができたかを示すものである．配当利回
りの特徴は，預貯金など他の金融商品と直接，かつ簡単に収益率を比較できる
ことである．

$$配当利回り（\%）=\frac{1株当たり年間配当金}{株価}\times100$$

　例えば株価1000円，1株当たり年間配当金が20円の会社の場合，配当利回り
は20円÷1000円×100＝2％となる．

（2）株価収益率

株価収益率（PER：Price Earnings Ratio）は，株価を1株当たり純利益（EPS：Earnings Per Share）で割って算出したもので，企業の収益力に対して，株価がどの程度の水準にあるかを示すものである．分母となる純利益は通常，予想利益が用いられる．この尺度は，市場平均や同業他社と比較し，PERが低ければ株価は割安，高ければ割高と判断される．

$$1株当たり純利益（EPS）= \frac{当期純利益}{発行済み株式総数}$$

$$PER（倍）= \frac{株価}{1株当たり純利益}$$

例えば株価1000円，1株当たり純利益40円の会社の場合，PERは1000円÷40円＝25倍となる．

（3）株価純資産倍率

株価純資産倍率（PBR：Price Book-value Ratio）は，株価を1株当たり純資産（BPS：Book-value Per Share）で割って算出したもので，株式の時価総額が純資産の何倍にあたるかを示すものである．純資産は企業が解散した場合に，資産から債務を差し引いて株主の手元に残る解散価値を表すため，PBRが1倍というのは解散価値を表す．そのため，PBRが1倍未満になれば割安と判断されることが多い．

$$1株当たり純資産（BPS）= \frac{純資産}{発行済み株式総数}$$

$$PBR（倍）= \frac{株価}{1株当たり純資産}$$

例えば株価1000円，1株当たり純資産800円の会社の場合，PBRは1000円÷

800円＝1.25倍となる．

（4）自己資本利益率

自己資本利益率（ROE：Return on Equity）は，自己資本と利益との関係を示したもので，企業が純資産（自己資本）をいかに効率的に使って利益を生んでいるかを示すものである．ROE自体は直接，株価の割高や割安を判断する尺度ではないが，海外投資家を中心に機関投資家などに重要視されている．

$$ROE（\%）＝\frac{当期純利益}{自己資本}×100＝\frac{1株当たり純利益}{1株当たり純資産}×100$$

例えば1株当たり純利益40円，1株当たり純資産800円の会社の場合，ROEは40円÷800円×100＝5％となる．

株価収益率，株価純資産倍率，自己資本利益率には次のような関係がある．

$$PER×ROE＝PBR$$

この式の左辺に上記(2)と(4)のPERとROEの事例の数値を代入すると，25倍×5％＝1.25倍となり，(3)のPBRと同じになる．

（5）株価キャッシュ・フロー倍率

株価キャッシュ・フロー倍率（PCFR：Price Cash-Flow Ratio）は，当期純利益に減価償却費を加えたキャッシュ・フローを基に算出されるもので，企業の成長性を判断することが可能であるといわれている．

$$1株当たりキャッシュ・フロー＝\frac{（当期純利益＋減価償却費）}{発行済み株式総数}$$

$$PCFR（倍）＝\frac{株価}{1株当たりキャッシュ・フロー}$$

例えば，発行済み株式総数 1 千万株，当期純利益10億円，減価償却費 1 億円，株価が1000円の場合， 1 株当たりキャッシュ・フローは（10億円＋ 1 億円）÷ 1 千万株＝110円で，PCFR は1000円÷110円＝約9.1倍となる.

（6）総資産利益率

総資産利益率（ROA：Return on Asset）は，企業が事業活動に投下した総資産に対し，どのくらいの利益を生み出したのかをみるものである．総資本に対する当期純利益の割合であるため，総資本（純）利益率とも呼ばれる.

$$ROA（\%）= \frac{当期純利益}{総資本（期首・期末平均）} \times 100$$

例えば，総資本100億円（期首・期末平均），当期純利益 4 億円の時，ROA は 4 億円÷100億円×100＝4.0％となる.

（7）EV/EBITDA 倍率

EV（Enterprise Value）は企業価値を表し，時価総額などから算出されるもので，次式から求められる.

$$EV＝時価総額＋有利子負債－保有現預金（現金預金＋短期有価証券）$$

EBITDA（Earnings Before Interest, Taxes, Depreciation and Amortization）とは，利払い前利益，税引き前利益，償却前利益（有形固定資産の減価償却費及び無形固定資産の償却費控除前の利益）をいい，減価償却法の違いなどに左右されない企業の稼ぐ力を示し，損益計算書の数値を用いて，次式により求められる.

$$EBITDA＝税引き前利益＋支払利息＋償却前利益$$

EV/EBITDA 倍率は，EBITDA に対して EV が何倍にあたるかを表すもので，次式により求められる.

$$\text{EV/EBITDA 倍率（倍）} = \frac{\text{時価総額} + \text{有利子負債} - \text{保有現預金}}{\text{税引き前利益} + \text{支払利息} + \text{償却前利益}}$$

EV/EBITDA 倍率は，投資費用を何年で回収できるかを示す．また，国際的な同業他社比較にも用いられ，同倍率が高いほど株価は割高，低いほど割安と判断される．

例えば，時価総額100億円，保有現預金10億円，有利子負債40億円，EBITDAが20億円なら，EV/EBITDA は，（100億円＋40億円－10億円）÷20億円＝6.5倍となる．

3　株価変動要因

株価はその時々の需給関係などにより変動する．買い注文（需要）が売り注文（供給）より多ければ株価は上昇し，逆の場合は下落する．その要因には様々なものが考えられる．大きく分類すると，市場全体の要因と個別株式の要因（個別要因）に大別される（図4-1）．

（1）市場全体の要因

市場全体の要因には，経済的要因，経済外的要因，市場内部要因などがある．経済的要因は，景気要因ともいわれ，GDP，鉱工業生産指数，日銀短期（全国企業短期経済観測調査），失業率等の各種景気指標の動向，金融政策の変更，財政支出の規模，為替市場の動向等がある．各種の景気指標が上向いていれば株価は上昇することが多い．ただし，株価は景気の動きよりも先行して変動することが多いので，景気が良い時でも景気後退の兆しが出てくれば株価は下がり，逆に景気が悪い時でも景気回復の兆しが見えれば，株価は上昇することもある．金融政策の変更では，金利が上昇すると企業の金利負担が増し，設備投資が抑制されることなどから株価の下落要因となる．逆に，金利が低下すると企業の

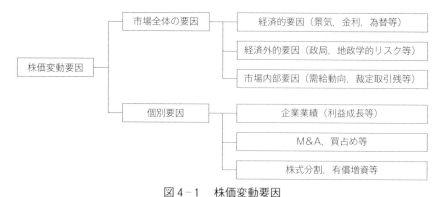

図 4-1　株価変動要因

(出所) 極東証券 HP (http://www.kyokuto-sec.co.jp/dealings/stock/guide/fluctuation, 2019年4月20日閲覧).

金利負担が減少し, 設備投資が活発になることなどから株価の上昇要因となる. 加えて, 近年の金融政策としての日本銀行による ETF 等の購入は, 株価の上昇要因となっている. 外国為替の変動も株価変動に与える影響が大きい. 円高が進めば収益が向上することが期待できる輸入関連企業 (食品, 紙・パルプ, 電力・ガスなど) の株が上昇し, 円安が進めば収益が向上することが期待できる輸出関連企業 (自動車, 電機など) の株が上昇することが多い.

経済外的要因は, 国内外の政治・政局, あるいは戦争等地政学リスク, 天候等がある. 1990年8月の湾岸ショック (イラクのクウェート侵攻), 2001年9月の米国での同時多発テロ, 2008年11月の米国のリーマンブラザース破綻, 2016年6月の英国の国民投票で EU 離脱派の勝利などでは, 世界中の株式市場で株価が大幅に下落し, 日本の株式市場でも大幅に株価が下落した.

市場内部要因は, 外国人投資家や機関投資家の動向, 裁定取引の動向, 信用取引の動向等がある. 主要投資部門別の株式保有比率をみると, 一番多いのは外国人投資家で約30％保有している (図4-2). 外国人投資家は, 海外から日本の株式市場へ注文を出す投資家で, 欧米の年金基金や投資信託等が該当する. 次に存在感があるのが, 機関投資家で, 個人や企業などからお金を集めて運用する会社である生命保険会社, 損害保険会社, 投資信託, 信託銀行, 年金基金

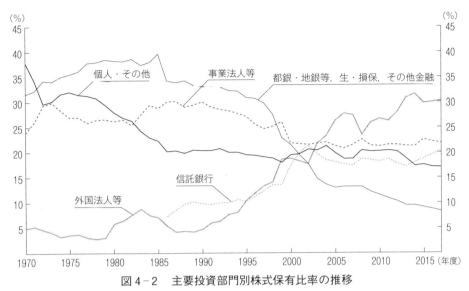

図4-2　主要投資部門別株式保有比率の推移

(注) 1. 1985年度以前の信託銀行は，都銀・地銀等に含まれる．
    2. 2004年度から2009年度まではJASDAQ証券取引所上場会社分を含み，2010年度以降は大阪証券取引所または東京証券取引所におけるJASDAQ市場分として含む．
(出所) 日本取引所グループHP（https://www.jpx.co.jp/markets/statistics-equities/examination/01.html, 2019年4月20日閲覧）．

等が該当する．

　裁定取引残高は，株価指数先物取引と現物株式を利用して行われる取引の残高で，あらかじめ決められた取引最終日までに反対売買が行われることから，株式市場の波乱要因になることがある．信用取引残高も株式市場への影響が大きく，信用取引の買い残高が増加すれば将来の売り圧力となるので株価の下落要因になり，売り残高が増加すれば将来の買い要因となる．

(2) 個別要因

　個別要因には，企業業績，M&A (merger and acquisition：企業の合併や買収) や買占め等，株式分割や有償増資等がある．

　企業業績は，企業により公表された財務諸表の数値から判断される利益成長

等がある．企業業績が良ければ増配も期待できることも有り，その結果，配当利回りの上昇やPERの低下などにより株価が割安と判断されることで，株価上昇要因となる．M&Aは合併後のシナジー効果が高いと好感されると，株価上昇要因となる．逆にシナジー効果が期待できない場合，株価下落要因になることもある．またM&A実施時に株式をTOB（Take-over bid：株式公開買い付け）により買い付ける際は，直近の市場価格に一定割合のプレミアムを付けて行われることが多いので，株価上昇要因となる．株式分割は1株を2株に分割すること等を指し，この場合，所有株数は2倍になるが，1株の価値は理論上，半分になるので，資産価値は分割前後では変化しない．しかし，株式分割により株価が安くなることで買いやすくなる結果，株価上昇要因となる．また株式分割後，1株当たり配当金が据え置かれた場合は，実質的に増配となるので株価上昇要因となる．増資は新たに株式を発行して資金を調達することであり，企業が調達した資金を事業拡大に活用し，結果的に企業業績が向上することが期待できるなら，株価上昇要因となる．しかし，増資により発行済み株式数が増加し，1株当たり利益が減少したり，1株が表す議決権の比重は小さくなったりするなど希薄化が嫌気された場合，株価下落要因となることがある．

4 テクニカル分析

テクニカル分析はチャート分析やチャート・リーディング（chart reading）とも呼ばれ，過去の株価の動き等を分析して株価予測を行う方法である．売買のタイミングの判断に重視されることが多い．

チャート分析の歴史は古く，江戸時代の米取引で使われていたといわれている．特に有名なのが本間宗久で，彼は経験に基づいた売買手法により，米相場でかなりのお金を稼いだといわれている．宗久の教えを受け継いだものがそれをグラフで表し，改良したものがわが国のもっとも代表的なチャートであるローソク足といわれるものである．

（1）ローソク足

ローソク足には一日や一週間など表す期間により，日足（ひあし），週足（しゅうあし），月足（つきあし），年足（ねんあし）などの種類がある．

日足を例にとると，その日の寄り付きの値段である始値，その日の一番高い値段である高値，一番安い値段である安値，その日の大引けの値段である終値をグラフ化したものである（図4-3）．始値が終値より高ければローソク足は白抜きで「陽線」となり，逆に始値が終値より低ければローソク足は黒などで塗りつぶし「陰線」となる．陽線が長いと強気の相場を表し，陰線が長いと弱気の相場を表すといわれている．高値と安値は縦線で表し，「上ひげ」「下ひげ」と呼ばれる．

高値または安値が始値または終値と同じになれば「ひげ」はなくなるため「坊

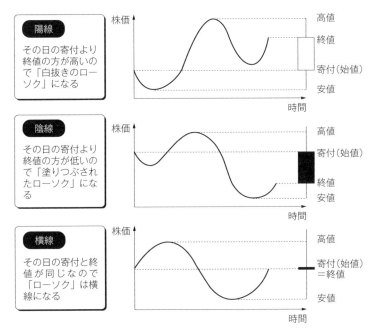

図4-3　ローソク足の意味（日足の場合）

（出所）石原敬子『図解ポケット　株・証券用語がよくわかる本』秀和システム，2018年，p. 259.

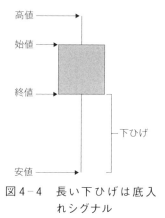

図 4-4　長い下ひげは底入
　　　　れシグナル
（出所）『日本経済新聞』2015年 3 月25日．

主」と呼ばれ，上下のひげがないときは「丸坊主」と呼ばれる．またひげが長くなると，相場の転換点のサインとされている（図 4-4）．株価の下落が続いていたなかで長い下ひげが表れると，売りが出尽くし株価が底入れしたサインになりやすい．逆に，株価の上昇が続いていたなかで長い上ひげが表れると，高値を付けた後に株価が伸び悩んだと判断され株価の天井のサインとなりやすい．株価の予測に際しては，複数のローソク足を組み合わせて判断を行うことが多い．

（2）移動平均線

　株式投資のタイミングをつかむのに有効なのが移動平均線である．これはアメリカのジョセフ・グランビル氏が提唱したもので，直近の一定期間の株価を平均してそれをグラフにしたものである．例えば25日間の日々の終値を合計して25で割れば25日移動平均となる．5日，75日，200日などの日次ベースの移動平均のほか，13週，26週といった週次ベースの移動平均があり，同一期間の移動平均を線でつなぐと移動平均線を描くことが出来る（図 4-5）．

　短期の移動平均線と長期の移動平均線が共に右上がりの状態で，短期の移動

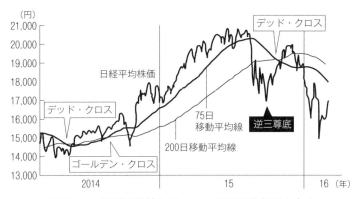

図4-5　移動平均線とチャートの形で先行きを占う

(出所)『日本経済新聞』2016年3月12日.

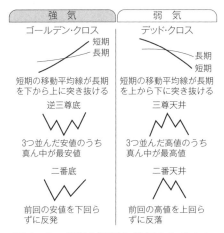

図4-6　相場の強気と弱気のシグナル

(出所)『日本経済新聞』2016年3月12日.

平均線が長期の移動平均線を下から上に突き抜けることをゴールデン・クロスと呼ばれ，相場が中長期的に上昇局面にあると判断される．逆に，短期と長期の移動平均線が共に右下がりの状態で，短期の移動平均線が長期の移動平均線を上から下に付け抜けることをデッド・クロスと呼ばれ，下落局面にあると判断される（図4-6）．

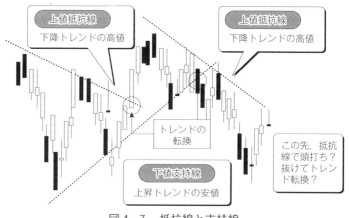

図4-7　抵抗線と支持線

(出所) 石原敬子『図解ポケット 株・証券用語がよくわかる本』秀和システム, 2018年, p.264.

(3) トレンドライン

　トレンドラインは株価チャートの高値同士や安値同士を結んだ線で，高値同士を結んだトレンドラインを上値抵抗線，下値同士を結んだトレンドラインを下値支持線と呼ばれる（図4-7）．株価が下落局面にあるときは，上昇しても上値抵抗線を上回ることなく再び下げると判断されたり，株価が上昇局面にあるときは，一時的に株価が下落しても下値支持線を下回ることなく再び上がると判断されたりする．また，上値抵抗線を突き抜けて上昇したり，下値支持線を突き抜けて下落したりした場合は，相場の転換点と判断される．

注
1) バブル崩壊後の日経平均株価の最安値は，2019年3月10日の7054円98銭である．
2)「日本経済新聞」2014年9月18日夕刊参照．
3) 2019年4月時点では，ファーストリテイリング，ファナック，ソフトバンク等の影響（寄与度）が大きい．
4) 日本取引所グループHP（https://www.jpx.co.jp/markets/indices/jpx-nikkei400/, 2019年4月20日閲覧）．

5）「日本経済新聞」2013年12月25日参照

参考文献

石原敬子『図解ポケット　株・証券用語がよくわかる本』秀和システム，2018年.

坂下晃・外島健嗣・田村香月子『証券市場の基礎知識』晃洋書房，2010年.

日本証券経済研究所編『図説　日本の証券市場2018年版』日本証券経済研究所，2018年.

第5章 債券投資

本章のポイント

債券は確定利付証券とも呼ばれ，リターンがあらかじめ決まっている証券である．国や地方自治体，企業などが投資家から資金を調達する際に発行する有価証券であり，発行時に約束された方法で一定の利子が支払われ，一定の期間がすぎれば元本の返済がなされる．日本では債券は発行市場，流通市場ともに，国債が中心となっている．

債券投資においては，リターンは金利と価格差益の利回りで測定される．単利利回りは算出が簡便でありリターンの目安として日本では主に用いられているが，現在は金利の再投資を鑑みた複利利回りを利用することも多い．

また債券投資のリスクには信用リスク，金利リスク，途中償還リスク，流動性リスクが挙げられる．これらリスクの確認や測定方法についても見ていこう．

1　債券とは

債券 (bond) とは，発行体が資金を調達するために発行する有価証券であり，一定の方法で金利（クーポン）が支払われ，一定の期間がすぎれば元本が償還される．発行時に金利などがあらかじめ決められる証券であるため，確定利付証券 (fixed income securities) とも呼ばれている．

債券と株式の違いは，株式投資が出資であるのに対して，債券への投資は資金を貸し付けていることにある．したがって株式投資の場合は企業に利払いや

表 5-1　債券の主な発行条件

募集総額	募集債券の総額
額面金額	債券 1 枚につき満期時に償還される金額.
発行価格	額面あたりの発行時の債券価格 ・額面価格＜発行価格 → オーバーパー発行 ・額面価格＝発行価格 → パー発行 ・額面価格＞発行価格 → アンダーパー発行
利率	額面に対する 1 年当たりの利率 ・償還まで利率が固定のもの → 固定利付債 ・償還まで利率が変動するもの → 変動利付債 ・償還まで利払いが無い → 割引債
償還方法	償還の方法や期限 ・最終償還（最終期日に額面金額で償還） ・期中償還（最終期限前に償還）
利払方法	利息の支払い方法や利払日
償還日	満期日

出資金の返済義務は無いが，債券投資の場合は企業に利払いや元本返済の義務がある．こうした，利払いの方法や時期，利率，償還の期限などの内容は，発行時の条件により決定される．**表 5-1** は債券の主な発行条件である．

期日に償還される金額を額面という[1]．また，額面当たりの購入価格を発行価格（単価）という．多くは額面100円に対して発行価格100円のパー発行であるが，中には発行価格が額面を上回るオーバーパー発行（償還時の金額のほうが購入価格よりも低いため，償還差損が生じる）や，発行価格が額面よりも低いアンダーパー発行（償還時の金額が購入価格よりも高いため，償還差益が生じる）も見られる[2]．利率は，額面に対する 1 年当たりの利率（年率）で表示され，償還期日まで利率が変化しない固定金利の利付債と，償還期日まで利率が変化する変動金利の利付債がある．また，償還期日までの利払いがない代わりにアンダーパー発行し，償還差益を利息とみなす割引債も発行されている．また，償還は，いわゆる満期に償還される最終償還と，期日途中に償還される期中償還がある．期中償還の場合，あらかじめ発行時に期中償還の時期と金額が決められる定時償還

第5章 債券投資 *87*

表5-2 債券の発行体別分類

大別	中別	発行体
公共債	国債	国
	地方債	地方公共団体
	政府関係機関債	政府関係機関
	地方公社債	地方公社
民間債	事業債（社債）	企業，金融機関等
	金融債	一部の金融機関
外国債	外国債	外国政府，外国企業等

と，発行体が任意で償還を決定する任意償還がある．

　債券には多くの種類がある．株式は株式会社が発行するのみであるが，債券は様々な発行者（発行体と呼ぶ）が発行する．

（1）国　　債

　国債は国が発行する債券であり，**表5-3**の通り，多様な年限や種類の国債が発行されている．年限は，40年の超長期国債から1年以下の国庫短期証券と様々である．なお，市場の中心となっているのは，ポートフォリオ運用において安全資産とみなされる10年満期の固定利付長期国債である．また家計による国債投資を促すため，購入単位を1万円からと低くし元本保証や最低金利の保証を付けるなど，個人が購入しやすい条件を付した個人向け国債の発行や，個人向け国債以外の国債について従来よりも取扱窓口を拡大した新型窓口販売方式による販売も行われている[3]．

　国債は発行根拠法によっても区分される．普通国債は現在次の5種類である（表5-3）．

　① 建設国債

　　　財政法第4条第1項ただし書に基づき，公共事業，出資金及び貸付金の財源を調達するために発行．

表 5 - 3　国債の種類

年限や特徴による区分	利払いによる区分	発行根拠法による区分
超長期国債 （40年・30年・20年・15年）	固定利付債 変動利付債	普通国債
長期国債（10年）	割引債	・建設国債
中期国債（5年～2年）		・特例国債（赤字国債）
国庫短期証券（1年以下）		・借換債
個人向け国債（10年・5年・3年）		・年金特例国債
物価連動国債（10年）		・復興債
		財政投融資特別会計国債（財投債）

（注1）10年・5年・2年の固定利付債は，個人投資家向けに新型窓口販売方式による販売も行っている．
（注2）個人向け復興応援国債は2012年12月で募集を停止している．

② 特例国債（赤字国債）

　　建設国債を発行してもなお歳入が不足すると見込まれる場合に，公共事業費等以外の歳出に充てる財源を調達することを目的として，各年度における特例法に基づき発行．

③ 借換債

　　特別会計に関する法律に基づき，普通国債の償還額の一部を借り換える資金を調達するために発行．

④ 年金特例国債

　　財政運営に必要な財源の確保を図るための公債の発行の特例に関する法律に基づき，基礎年金の国庫負担の追加に伴い見込まれる費用の財源となる税収が入るまでのつなぎとして，平成24年度及び平成25年度に発行．

⑤ 復興債

　　東日本大震災からの復興のための施策を実施するために必要な財源の確保に関する特別措置法に基づき，復興のための施策に必要な財源となる税収等が入るまでのつなぎとして，平成23年度から平成27年度まで発行．

第5章　債券投資　　*89*

　こうした発行根拠法による区分とは，国債により調達した資金を政府がいかに使うかを示していると考えて良い．発行根拠法の別により，投資内容や手法に何らかの大きな違いがあるわけではないが，現在わが国では国債の大量発行，特に特例国債（赤字国債）の残高が増加している現状にあり，国の財政赤字問題に加え，これら普通国債が租税を償還の原資としていることから，将来世代の負担が増加している．こうした点からも，財政の健全化は重要な課題である[4]．

（2）地方債，政府関係機関債，地方公社債

　地方債は地方公共団体が資金調達のために発行する債券である（表5-4）．年限は，超長期債(30年・20年・15年・12年)，10年債，7年債，5年債，3年債，2年債と多様である．また，全国的に幅広く投資家を募集する全国型市場公募地方債と，地域住民を中心に募集する住民参加型市場公募地方債に加え，指定金融機関などから借入れまたは引受けにより発行される銀行等引受地方債がある．

　政府関係機関債は日本政策金融公庫などの政府関係機関が発行する債券であり，元利払いに政府の保証がついた政府保証債，元利払いに政府保証はついていないが公募で発行される財投機関債などがある．

表5-4　その他公共債の種類

地方債
全国型市場公募地方債（広く一般の投資家に公募）
銀行等引受地方債（金融機関が引き受ける）
住民参加型市場公募地方債（地域住民に向け公募）
政府関係機関債
政府保証債（元利払いに政府保証がついている）
財投機関債（元利払いに政府保証はついていない）
非公募特殊債（特定の金融機関等に向け発行）
地方公社債

また地方公社債は，地方住宅供給公社など地方公共団体が出資するなどして
設立する会社が発行する債券である．

（3）民　間　債

民間債は企業が発行する事業債（社債）と，特定の金融機関が発行する金融
債がある．

金融債は特定の法律に基づき起債が認められた金融機関が発行する債券であ
り，利付債と割引債がある．かつて普通銀行には社債発行が認められておらず，
長期信用銀行などが金融債を発行し資金調達を行っていたが，1999年10月に普
通銀行の社債発行が認められたため，現在は発行額は減少している．

事業債は民間企業が発行する債券，いわゆる社債であり，様々な企業が発行
する一般事業債の他，電力会社が発行する電力債など，発行体による区別が幾
つかある．

また社債には担保の有無により担保付社債と無担保社債に分類される．さら
に弁済順位が無担保社債よりも劣後する劣後債も発行されている．劣後債は，
発行体が倒産した際などの清算手続きにおける債務の支払いに関し，他の社債
よりも弁済が後になる債券である．

さらに，予め定められた一定の価格で定められた期間に，発行会社の株式を
取得できる権利をもつ新株予約権付社債（新株予約権をワラントと呼ぶため，ワラン
ト債といわれる）や，当該社債と発行会社の株式を交換できる転換社債型新株予
約権付社債（転換社債，CB：Convertible Bond）も発行されている．また資産のキャッ

表5-5　社債の種類

発行体による区分	担保等による区分	性質による区分
一般事業債（社債）	担保付社債	普通社債（SB）
電力債	無担保社債	新株予約権付社債（ワラント債）
銀行債　等	劣後債	転換車載型新株予約権付社債（転換社債，CB）
		特定社債（資産担保証券，ABS）

第5章 債券投資　*91*

シュフローを原資として発行される資産担保証券（ABS：Asset Backed Securities）などは，特定社債と呼ばれている．これらと区別するため，一般的な社債は普通社債（SB：Strait Bond）とも呼ばれる．また，個人投資家向けに最低購入単位を小さくした個人向け社債も発行されている（**表5-5**）[7]．

（4）外　国　債

　外国債は大別して，外国もしくは日本の発行体が海外市場において海外通貨で発行する債券，外国の発行体が日本国内で発行する債券，日本や外国の発行体が海外市場において円で発行する債券に分けられる．

　外国または日本の発行体が海外市場において海外通貨で発行する外国債券は，払込みや利払い・償還が全て外国通貨で行われる．また，外国の発行体が日本国内で発行する債券（非居住者債）には，払込みや利払い・償還が円で行われる円建外債（サムライ債）と，払込みや利払い・償還が外国通貨で行われる外貨建外債（ショウグン債）がある．一方，日本や外国の発行体が海外の市場において円建てで発行する債券をユーロ円債と呼ぶ．

2　　債券発行市場

　債券の発行（募集）には，不特定多数の投資家を対象とする公募と，特定の投資家を対象とする非公募（私募）の2通りがある．また発行体が自ら発行の手続きを行う直接発行と，証券会社などの第三者がそれを仲介する間接発行がある．直接発行は政府機関債など一部の債券で行われているが，多くは間接発行である[8]．国債と社債，それぞれの市場を確認しよう．

（1）国債発行市場

　日本の債券市場は，発行額，残高ともに国債が中心である．例えば2018年度では，国債の発行額は約148兆円であり公社債発行市場の83.7％，残高は約966

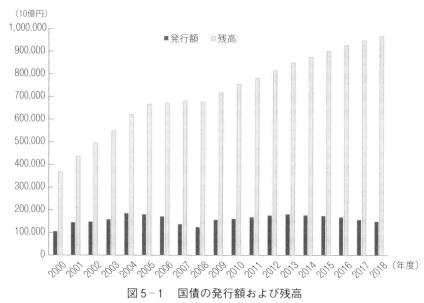

図5-1 国債の発行額および残高

(出所) 日本証券業協会統計「公社債発行額・償還額」より筆者作成.

兆円であり，後に述べる公社債流通市場の82.2%を占めている (図5-1).

　国債及び国庫短期証券の所有者別内訳を見ると，現在は多くの割合を日本銀行が占めており，次いで銀行や生損保などの機関投資家の保有比率が高い (図5-2)．日本銀行が保有比率を増加させてきた背景は，金融政策の目的による国債買入オペであり，これに伴い銀行や生損保などの保有シェアは減少している．

　発行される国債の消化方法はほとんどが公募入札方式により行われている．以前は，特定の金融機関がシンジケート団 (シ団) を組み発行される国債を共同で引き受けるシ団引受方式を採用していたが，国債の大量発行によるシ団メンバーの負担増加や市場の国際化に伴い，2005年度末に廃止された．一方，欧米のプライマリー・ディーラー制度を参考とした国債市場特別参加者制度を2004年10月に導入した．特別参加者は，他の入札者と比べいくつかの優遇的措置を受ける代わりに，相応額の引受責任や流動性の確保，財務省への情報提供などの責任がある．これにより，大量に発行される国債の安定的な消化をはかっ

第5章 債券投資   93

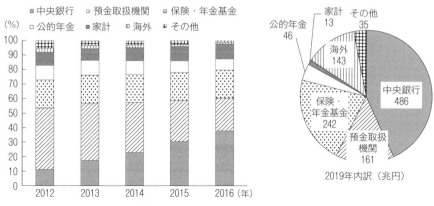

図5-2　国債および国庫短期証券の所有者内訳と推移

(注1) 国債等は「国庫短期証券」「国債・財投債」の合計．また一般政府（中央政府）のほか，公的金融機関（財政融資資金）の発行分を含む．
(注2) 「保険・年金基金」には「かんぽ生命」を含む．
(出所) 日本銀行「資金循環統計」各年3月末速報値より筆者作成．

ている．

（2）社債発行市場

　社債発行市場は，国債に比べ規模は小さい．2018年度では，普通社債の発行額は約10兆円であり公社債発行市場全体の5.9%，残高は約62兆円であり，公社債流通市場全体の5.3%である．

　社債の発行は公募と私募に分けられる．公募発行は広く一般に投資家を募集するのに対し，社債の私募発行には，少数（50人未満）の投資家を対象とする少人数私募と，適格機関投資家（有価証券に対する投資に係る専門的知識及び経験を有する者として金融商品取引法2条3項で定められている者）のみを対象にするプロ私募がある．

　社債の発行においては一般的に，複数の証券会社が引受シンジケート団（引受シ団）を組成し，社債の募集の取扱いを行う．また発行会社は主幹事となる証券会社とともに，市場金利や投資需要に合わせて利率などの発行条件を決定

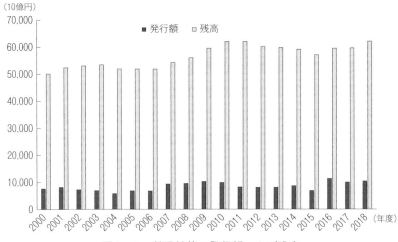

図5-3　普通社債の発行額および残高

(出所) 日本証券業協会「公社債発行額・償還額」より筆者作成．

する．

　社債発行の際には原則として銀行や信託銀行などが担う社債管理会社が設置され，社債権者のために弁済の受領や債券の保全など，社債に関する管理を行うことが定められている．ただし，社債の券面が1億円以上である場合や，社債の総額を社債金額の最低額で除して得た数が50を下回る場合においては社債管理会社を設置する義務は発生せず，発行や利払いなどの事務手続きを行う財務代理人（Fiscal Agent : FA）を置く場合が多い．この点については，例えば社債金額が1億円以上の場合には，個人などの一般投資家ではなく適格機関投資家が想定されるためである．金額の小さい個人向け社債においては，社債管理会社を設置する方法で発行される．

3　債券流通市場

　債券は発行体や発行条件がそれぞれ異なるため，非常に多くの銘柄が存在す

る．また債券は株式と異なり償還される性質がある．こうした多様性や有限性を背景に，債券の売買は，一部の国債と転換社債型新株予約権付社債は上場による取引所取引が行われているが，社債を含め他の多くの債券の売買は，店頭取引において行われている[9]．

日本の店頭市場における公社債流通市場は，圧倒的に国債が中心である．図5-4は公社債店頭売買高の比率であるが，2018年3月においては99％以上を国債の売買が占めている．これは過去にも同様の傾向がみられ，国債の比率は高い．

日本において国債は大量に発行されており，かつリスクフリー資産として様々な目的の資産運用に利用されることから，発行市場，流通市場ともに国債が大きなボリュームを占めている．

取引所取引においては，売買を取引所で集約し価格が公表される．一方，店頭市場における売買では相対取引のため，価格が即時に公表されるわけではない．したがって同じ銘柄，同じ売買日時であっても，売買価格が異なる場合がある．これに対して日本証券業協会は，公平かつ公正な価格形成のため，投資家保護の目的で，店頭取引における市場実勢（売買価格や利回りなど）の情報をいくつか提供している[10]．

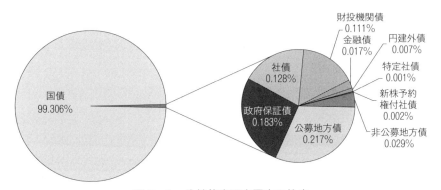

図5-4 公社債店頭売買高の比率

（注）2018年3月の数値．
（出所）日本証券業協会「公社債種類別店頭売買高」より筆者作成．

（1）公社債売買参考統計値

日本証券業協会が指定報告協会員である証券会社から，当日の午後3時現在における額面5億円程度の売買の参考となる気配（価格）の報告を受け，売買参考統計値として発表する制度．公社債の売買された銘柄について，平均値，中央値，最高値，最低値などが示される．

（2）社債の取引情報

国内の社債の信用格付がAA格相当以上である社債の取引のうち，1取引の取引数量が額面1億円以上の取引について，約定単価（売買価格）を公表する制度[11]．

（3）個人向け社債等の店頭気配情報

個人向けに発行された国内公募普通社債などが店頭にて売買された際の情報について，引受幹事証券会社などから報告を受け，報告値を発表する制度．指定された個人向け社債銘柄についてのその日報告を受けた売買価格と利回りが発表される．

4 債券投資のリターンとリスク

（1）債券のリターン

債券のリターンは次の3つから得られる．

1つは利息，すなわちクーポン収入である．表面利率やクーポンレートとも呼ばれる利率は，債券の額面に対する金利の割合であり，債券の市場実勢や発行体の信用度合いを考慮して決定され，発行条件で示される．こうした利息収入はインカムゲインと分類される．

2つめは価格差益である．債券価格と償還価格の差額がプラスであれば償還差益が生まれるし，もちろん債券価格と途中売却価格の差額がマイナスになる

売買差損が生じる場合もある．こうした価格差からくる収入は，キャピタルゲインと分類される．

　3つめは利息の再投資による収入である．償還までの受取利息を再び投資することにより，得られた利息から追加的なリターンを得ることが可能となる．

　こうした債券のリターンについて，利率は発行条件で数値が示されるが，その他の収入を含めたリターンを測る尺度として，利回りの概念がある．利回りは，投資元本に対する1年当たりの収益率と考えるとよい．

直接利回り

　直接利回りとは，債券価格に対する年間のクーポン収入の割合であり，インカムゲインだけを考慮した利益率である．

> **（例5-1）** 額面100円，利率5％，年限が8年の債券を102円で購入した．

　この場合，利率は5％であるため，1年間の利息収入は100円×5％＝5円である．また債券の購入価格は102円である．したがって，この例の直接利回りは以下のとおりとなる．

$$\text{直接利回り（％）} = \frac{\text{クーポン収入5円}}{\text{購入価格102円}} \times 100$$

$$= 4.9\%$$

（小数点第3位以下切捨て）

〔5-1式〕

$$\text{直接利回り（％）} = \frac{1\text{年当たりインカムゲイン}}{\text{投下元本}} \times 100$$

$$= \frac{1\text{年当たりクーポン収入}}{\text{購入価格}} \times 100$$

　さらに詳しく見てみよう．債券投資においては，購入してから償還まで保有

する場合（この投資スタイルを「バイ・アンド・ホールド（Buy and Hold)」という）と，購入後償還前に売却する場合がある．ただし利回りは，リターンの要素の１つである利息の再投資を考慮するか否かによって，算出方法が異なる．まずは，利息の再投資を考慮に入れない，いわゆる「単利」と呼ばれる算出方法から見ていこう．

単利最終利回り

単利最終利回りとは，債券を購入時から償還まで保有し，クーポンの再投資を考慮しない場合の利回りである[12]．利回りは１年当たりで算出するため，インカムゲインは１年当たりのクーポン収入，キャピタルゲインは償還差益を残存期間で除して求める．

〔5-2式〕

$$単利最終利回り（\%）= \frac{1年当たりインカムゲイン＋1年当たりキャピタルゲイン}{投下元本} \times 100$$

$$= \frac{1年当たりクーポン収入＋\dfrac{（償還金額－購入価格）}{残存期間（年）}}{購入価格} \times 100$$

単利最終利回りについて，具体例を用いて見てみよう．

（例5-2） 株式会社Ａ第26回無担保社債

募集金額　100億円

社債金額　100万円

額　　面　100円

発行価格　額面100円につき100円

利　　率　0.40％

払込期日　2017年5月1日

償還期限　2024年5月1日（7年債）

第5章　債券投資　　*99*

　例5-2の債券は，実際に発行された個人向け社債の例である．この社債に関して，日本証券業協会の個人向け社債等の店頭気配情報を確認すると，2017年8月1日に99.95円で売買されている．この時の買手の単利最終利回りを考えてみよう．[13)]

　この債券の残存期間は2017年8月1日から2024年5月1日までの6年9カ月，すなわち6.75年となる．したがって単利最終利回りは，

$$\text{単利最終利回り（％）} = \frac{0.4\text{円} + \dfrac{(100\text{円} - 99.95\text{円})}{6.75\text{年}}}{99.95\text{円}} \times 100$$

$$= 0.407\% \qquad \text{（小数点第4位以下切捨て）}$$

所有期間利回り

　また，債券を償還前に売却した場合の所有期間における利回りを所有期間利回りという．所有期間利回りの場合，キャピタルゲインは償還差益を残存期間ではなく，所有していた期間で除して求める．なお，利息の再投資は考慮に入れていない．

〔5-3式〕

$$\text{所有期間利回り（\%）} = \frac{1\text{年当たりクーポン収入} + \dfrac{(\text{売却金額} - \text{購入価格})}{\text{所有期間（年）}}}{\text{購入価格}} \times 100$$

所有期間利回りも同様に，具体例を用いて確認したい．

（例5-3）　B電力第390回国内普通社債

　募集金額　　200億円

　社債金額　　100万円

　額　　面　　100円

　発行価格　　額面100円につき100円

　利　　率　　0.14％

> 払込期日　2016年5月30日
> 償還期限　2019年5月24日（3年債）

　この社債に関して，日本証券業協会の個人向け社債等の店頭気配情報を確認すると，2017年11月1日に100.13円で売買されている．この時の売手はこの社債を発行時に取得したものとして，所有期間利回りを考えてみよう．

　この債券の所有期間は2016年5月30日から2017年11月1日までの1年と155日，すなわち1.42年（小数点第3位以下切捨て）となる．したがって所有期間利回りは，

$$所有期間利回り = \frac{0.14円 + \dfrac{(100.13円 - 100円)}{1.42年}}{100円} \times 100$$

$$= \quad 0.23\% \qquad （小数点第3位以下切捨て）$$

　一方，利息の再投資を考慮に入れた利回りとして，複利最終利回りがある．複利最終利回りは，購入してから償還までに支払われる利息を再投資して得られる利息，いわゆる孫利も考慮した利回りである．欧米では複利最終利回りを用いてリターンの評価を行うため，日本においても複利最終利回りを用いることが多くなってきている．

（2）単利と複利

　ここで，複利最終利回りを見る前に，複利について確認しておきたい．債券のリターンを考える上では，単利と複利の概念を理解する必要がある．端的に言えば，単利とは当初の投下元本にのみ利息を計算する考え方であり，利息は再投資していない．一方複利とは投下元本から生み出された利息を元本に加えて再度計算する考え方であり，利息を再投資している．具体的に見てみよう．

　単純化するために，元本100円，利率5％の金融商品を運用するとしよう．このとき，単利ならば金利は元本にのみ計算される．一方，複利では元本と利

表5-6　単利と複利による運用の比較

（円）	単利運用による元利合計	複利運用による元利合計
1年目	$100+100\times5\%$ $=100（1+5\%）$ $=105$	$100+100\times5\%$ $=100（1+5\%）$ $=105$
2年目	元本にのみ計算するから， $100+100\times5\%+100\times5\%$ $=100+100\times5\%\times2$ $=100（1+5\%\times2）$ $=110$	元利合計に計算するから， $100（1+5\%）+100（1+5\%）\times5\%$ $=100（1+5\%）（1+5\%）$ $=100（1+5\%）^2$ $=110.25$
n年目	$100（1+5\%\times n）$	$100（1+5\%）^n$

息の合計にさらに金利が計算されるため，元利合計は**表5-6**のようになる．

　この通り，複利運用の方が資産の増加度合いは大きくなる．複利計算によって利息が利息を生み増加することを複利効果という．運用に関して言えば，投資から受け取る利息は，そのままにせず再投資する方が，資産の増加度合いは大きい[14]．

　この時の元本100円を現在価値，運用した結果（単利なら110円，複利なら110.25円）を将来価値という．年数をn，利率をrとして，現在価値と将来価値の関係を示すと，次のようになる．

〔5-4式〕

　（1）将来価値＝現在価値$（1+r）^n$　→　（2）現在価値＝$\dfrac{将来価値}{（1+r）^n}$

　5-4式の通り，（1）では現在価値と利率・年数から将来価値を算出している．一方（2）では，将来価値を利率・年数で除して現在価値を求める事ができる．このように，将来価値から現在価値を求める方法を「割引」という．

複利最終利回り

　さて，債券の複利最終利回りを考える場合には，この現在価値と将来価値の

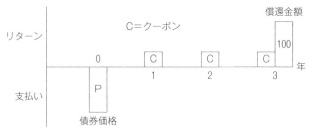

図5-5 利付債のリターン概念図

考え方を用いる．債券の現在価値（現在の価格）は，将来価値（リターン）を割引いた合計，割引現在価値となる．次の債券を例にみてみよう．

> **（例5-4）** 額面100円，債券価格90円，利率5％，年限が3年の債券を満期まで保有した場合の複利最終利回り

時系列にリターンを考えていくと，債券価格100円が支払われた後，1年目，2年目，3年目にそれぞれクーポン収入と，償還時には額面100円が償還される（図5-5）．この時，債券の現在価値Pは，リターンの将来価値の合計に等しくなる．したがって例5-4は〔5-4式〕より，

$$債券価格 = \frac{1年目のクーポン}{(1+r)} + \frac{2年目のクーポン}{(1+r)^2} + \frac{(3年目のクーポン+償還金額)}{(1+r)^3}$$

$$90円 = \frac{5円}{(1+r)} + \frac{5円}{(1+r)^2} + \frac{(5円+100円)}{(1+r)^3}$$

となる．このrが，複利最終利回りである．

この債券の複利最終利回りを求めると，8.94％（小数点第3位以下切捨て）となる．

一方，この債券の単利最終利回りは，

$$単利最終利回り（％）= \frac{5\,円 + \dfrac{(100円 - 90円)}{3\,年}}{90円} \times 100$$

$$= 9.25\% \qquad \text{（小数点第3位以下切捨て）}$$

となる．再投資を考慮に入れないでリターンを評価してしまうと，実際に再投資を行う場合と異なるリターンを想定してしまうこととなる．

　ただし，複利最終利回りは期間途中に受け取るクーポンを全て同じ利回りで再投資できた場合に実現する利回りである．現実的には，再投資する際の条件が全く同じになることは難しい場合もあるが，複利最終利回りはリターンを厳密に考える上での1つの目安となる．複利計算は手計算では複雑であるが，Excelなどの表計算ソフトのIRR関数や，複利計算用の関数電卓を利用すれば簡単に求めることができる．

〔5-5式〕

$$債券価格 = \frac{C_1}{(1+r)} + \frac{C_2}{(1+r)^2} + \cdots \frac{C_n + 償還金額}{(1+r)^n}$$

$C =$ クーポン収入

$r =$ 複利最終利回り

（3）金利と債券価格

金利と債券価格は反対の方向へ動く．原則として，次の関係となる．

　金利上昇　＝　債券価格下落

　金利低下　＝　債券価格上昇

具体的に，例5-5の数値を用いて見てみたい．

　（例5-5） 額面100円，債券価格100円，利率5％，年限が2年の債券を発行時に購入した．この債券の1年後の価格を以下の条件から考えよう．

　　A）市場金利が5％から8％に上昇した場合

> B）市場金利が５％から２％に低下した場合

　単純化するためにクーポンの再投資はしないこととし単利で考えると，この債券の残り年限１年の最終利回りは５％である．

　条件 A）において，市場金利は８％に上昇したため，買手にとっては，この債券を100円で購入して利回り５％のリターンを得るよりも，市場金利に合わせて利率８％で発行される残存期間１年の他の債券を購入して利回り８％のリターンを得る方が利益が大きい．

　では，この債券の残り１年の利回りが８％になる価格はいくらか？　利回り計算に当てはめて考えると，

$$
利回り８％ = \frac{クーポン５円 + \dfrac{（償還金額100円 - 債券価格）}{残存期間１年}}{債券価格} \times 100
$$

　　債券価格＝97.22円　　　　　　　　　　　　（小数点第３位以下切捨て）

となる．買手は97.22円以下でこの債券を購入すれば，利回り８％と同じかそれ以上のリターンが得られることになる．逆に売手は97.22円以下でなければ買手がつかず，市場で売却できない（購入されない）ことになる．

　この時注意が必要なのは，途中売却した売手は売却しない場合よりもリターンが少なくなることである．売手はクーポン収入５円と，100円で購入し97.22円で売却した売却差損2.78円，合計2.22円の収益となり，利回りは2.22％となる．一方売却せず満期まで保有した場合の１年あたりの利回り（単利最終利回り）は５％である．一方買手は，クーポン収入５円と，97.22円で購入し100円の償還を受ける償還差益2.78円，合計7.78円（利回りは８％）の収益となる．

　逆に条件 B）においては，市場金利は２％に下落したため，買手にとって利率５％の債券は魅力的である．しかし多数の買手が存在する市場においては，価格は需要メカニズムにより上昇し，最終的には，市場金利２％と同程度の利回り２％になる価格水準となる．[15]

第5章 債券投資　*105*

　したがって同じようにこの債券の残り1年の利回りが2％になる価格を算出すると，

$$
利回り2\% = \frac{クーポン5円 + \dfrac{(償還金額100円 - 債券価格)}{残存期間1年}}{債券価格} \times 100
$$

　　債券価格＝102.94円　　　　　　　　　　　（小数点第3位以下切捨て）

となる．債券価格が上昇することが分かるだろう．この場合，売手はクーポン収入5円と，100円で購入し102.94円で売却した売買差益2.94円，合計7.94円（利回りは7.94％）が収益となるのに対して，買い手はクーポン収入5円と，102.94円で購入し100円の償還を受ける償還差損2.94円，合計2.06円（利回りは2％）が収益となる．

　なお，この金利と債券価格の関係は，複利計算となっても同様である．

（4）債券のリスク

　最後に，債券のリスクを確認しよう．債券のリスクは主に，信用リスク，金利リスク，途中償還リスク，流動性リスクの4点が挙げられる．

信用リスク

　債券は利払いや償還期限などが発行条件で約束されている金融商品であるが，発行体の業績の悪化や倒産により，利払い不能に陥ったり償還が予定通りに行われなくなる可能性がある．発行体がこのような債務不履行（デフォルト）に陥るリスクを信用リスク（またはデフォルトリスク）と呼ぶ．

　こうした信用リスクを図る尺度として，信用格付が挙げられる．信用格付は，発行体の債務履行能力や，個々の債務が約定通りに履行される確実性，およびデフォルトに陥る可能性を，格付会社がアルファベットで示したものである．現在わが国では，格付投資情報センター（R&I），日本格付研究所（JCR），ムー

表5-7　R&I長期個別債務格付の定義

AAA	信用力は最も高く，多くの優れた要素がある．
AA	信用力は極めて高く，優れた要素がある．
A	信用力は高く，部分的に優れた要素がある．
BBB	信用力は十分であるが，将来環境が大きく変化する場合，注意すべき要素がある．
BB	信用力は当面問題ないが，将来環境が変化する場合，十分注意すべき要素がある．
B	信用力に問題があり，絶えず注意すべき要素がある．
CCC	債務不履行に陥っているか，またはその懸念が強い．債務不履行に陥った債権は回収が十分には見込めない可能性がある．
CC	債務不履行に陥っているか，またはその懸念が極めて強い．債務不履行に陥った債権は回収がある程度しか見込めない．
C	債務不履行に陥っており，債権の回収もほとんど見込めない．

（出所）R&I格付符号と定義，長期個別債務格付より筆者作成．

ディーズ・インベスターズ・サービス（Moody's Investors Service），スタンダード・アンド・プアーズ（S&P），フィッチレーディングス（Fitch Ratings）の5社が格付を行っている．社債を公募発行する際には，企業は格付を取得し，発行条件とともに提示する場合が多く，投資家にとっては発行体および債券の信用力を図る尺度となっている．定義の例は表5-7のとおりである．

　信用格付は発表時点での信用力に対する評価であり，償還されるまでその信用力が約束されるわけではない．発行体の信用力が低下すれば，格付も低下するため，格付を参照する場合においては，常に最新の格付を確認しなければならない．また格付はデフォルトに対する絶対的な指標でもない．格付は信用リスクに対する格付会社の意見であるから，同じ発行体の同じ債券であっても，格付会社によって格付が異なる場合もあり，比較が必要である．

　日本の社債市場は比較的デフォルト事例は少ないが，個人投資家が損失を被る例も発生している[16]．また劣後債は，デフォルトが発生した場合においても，普通社債より弁済が劣後するため，特に注意が必要である．

金利リスク

金利リスクとは，金利の変化により債券価格に変動が生じたり，クーポンの再投資が期待通りの利回りでできないことを指す．

前項で確認した通り，金利の変化は債券に価格変動をもたらす．この時，得られる利回りが低下するリスクを価格変動リスクと呼ぶ．特に債券保有者にとっては，金利の上昇は債券価格の下落をもたらすため，途中売却する際には注意が必要である．

一方，発行時に購入し，途中売却せずバイ・アンド・ホールドする場合，価格変動リスクはそれほど気にしなくても良いだろう．しかしクーポンを再投資する際の金利が当初の期待とは場合があり，利回りが低下する可能性（再投資リスク）もある．

なお，個人向け国債は，金利水準にかかわらず発行後1年が経過すれば額面100円につき100円の中途換金が認められている．ただしペナルティとして中途換金調整額（直前2回分の税引前各利子相当額×0.79685）が差し引かれる．

途中償還リスク

途中償還リスクとは，償還日以前に途中償還されることにより，期待通りのリターンが得られないリスクである．個人向け社債においても，企業や金融機関の発行する個人向け劣後債に期限前償還条項がつけられている例が多く見られる[17]．

流動性リスク

流動性リスクとは，何らかの要因で市場での売買がつかず流動性が損なわれ，期待通りに売買できなくなるリスクである．市場の状況が不安定な場合や，社債の信用リスクが高まっている場合においては，当該社債を売りたくても買手がつかず，非常に安値で売却するかもしくは売却できない可能性もある．

注

1）債券が電子化される前には，債券の券面に償還される金額が書かれており，そこから額面と呼んだ．

2）例えば額面が100円で発行価格が101円のオーバーパー発行の場合，償還金額は100円となるので1円が差損となる．また額面100円で発行価格が99円のアンダーパー発行の場合，償還金額は100円となるので1円が差益となる．

3）従来の国債の窓口販売は，民間金融機関が入札や市場で調達した国債に独自の価格を設定して販売する方式の窓口販売方式と，郵便局が政府からの委託により財務省の指定する価格で募集を行う募集取扱方式の2つであった．2007年10月の日本郵政公社民営化に合わせて，それまで郵便局にのみ認められていた募集取扱方式による国債の販売方式を，「新型窓口販売方式」として他の民間金融機関に拡大した．

4）近年日本では国債の債務不履行は起きていないが，例えばアルゼンチンやロシアなどでは国債の債務不履行（デフォルト）が生じている．財政赤字と国債の大量発行の問題などは，市場リスクや安全資産金利を考える上でも重要なポイントとなろう．国家の財政問題については様々な文献が存在している．そちらを参考にしてほしい．

5）一般的には普通株式よりも優先され，優先株式と同順位となる．

6）ワラント債はワラントを行使しても社債が手元に残るが，転換社債は株式に転換されるため，社債は手元に残らない．

7）多くの社債は機関投資家を想定しており，最低購入単位はおおよそ1億円程度が多いのに対し，個人向け社債の最低購入単位は100万円程度である．

8）他にも，2011年5月に日本取引所グループが創設した，TOKYO PRO-BOND Marketがある．TOKYO PRO-BOND Market は起動的かつ柔軟な起債を可能にする仕組みをそなえ，英文のみの情報開示を可能にするなどしたプロ投資家向けの市場であり，2019年現在，海外の金融機関や東京都などが上場している．

9）東京証券取引所では，2年，5年，10年，20年，30年，40年の固定利付国債が上場しており，Target（東証が運営する市場参加者間の電子情報授受システム）による注文受付が整備され，国債基準値段が公表されている．また，転換社債型新株予約権付社債も上場されており，こちらは株式現物と同様に arrowhead と ToSTNeT で売買が可能である．またこれら2種の債券は名古屋証券取引所にも上場されている．

10）債券価格の変動によるリスクについては，次節で確認する．

11）格付についても次節にて説明する．

12）欧米では複利最終利回りを用いるが，日本では実務の上で単利最終利回りを用いることが多いため，区別して日本式単利とも呼ばれている．

13）なお日本証券業協会の個人向け社債等の店頭気配情報では，銘柄名や利率の他，日毎の店頭にて売買された単価と単利利回りが公表されている．直近の約定価格や利回り

を参照でき，売買の参考となる．例 4 - 2 で計算した利回りも，実は掲載されている．
一度確認してみよう．

14）複利効果を考えると，例えば投資信託の分配金などは，払い戻しせず再投資する方が
資産全体の増加度合いは大きくなり，運用効果が高まる．

15）それよりも低い利回り（より高い価格）であれば，買い手は市場金利 2 ％と同等の他
の債券を購入するだろうし，それよりも高い利回り（低い価格）であれば他の買手が
さらに高い価格を提示するため，利回りは低下する．

16）国内の公募社債のデフォルト事例は，2001年マイカル破綻による約3500億円のデフォ
ルト，2010年 JAL 破綻による約670億円のデフォルト，2012年エルピーダメモリ破綻
による約1300億円のデフォルトなどがあり，近年ではエアバッグ問題で経営破たんし
たタカタの無担保社債約300億円がデフォルトに陥った．個人投資家も損失を被って
いる．

17）具体例として，ソフトバンクグループが利払繰延条項・期限前償還条項付無担保劣後
社債を発行している他，みずほフィナンシャルグループや三菱 UFJ フィナンシャル・
グループ，三井住友フィナンシャルグループなどの金融機関が，期限前償還条項付無
担保劣後社債を多く発行している．金融機関の発行する実質破綻時免除特約および劣
後特約付社債は，国際的業務をおこなう銀行へのバーゼルⅢ自己資本比率規制におい
て Tier 2 資本に算入することが認められているが，残存期間が 5 年を下回ると，自
己資本として参入される額が減額される．そのため，こうした金融機関の発行する劣
後社債は，残存期間 5 年程度で繰上償還される場合が多いと言われている．

参考文献

太田智之『債券運用と投資戦略』きんざい，2016年．

金子誠一・佐井りさ『証券アナリストのための数学再入門』ときわ総合サービス，2012年．

日本証券アナリスト協会編，小林孝雄・芹田敏夫著『新・証券投資論Ⅰ——理論篇』日本
経済新聞出版社，2009年．

日本証券アナリスト協会編，浅野幸弘・榊原茂樹監修，伊藤敬介・諏訪部貴嗣・荻島誠治
著『新・証券投資論Ⅱ——実務篇』日本経済新聞出版社，2009年．

マネタリー・アフェアーズ現代社債投資研究会編，徳島勝幸監修『現代社債投資の実務
——社債市場の現在を考える』財経詳報社，2008年．

日本証券業協会ウェブサイト（www.jsda.or.jp，2019 年 3 月31日閲覧）および各種統計．

財務省「国債（国の発行する債券）」ウェブサイト（https：//www.mof.go.jp/jgbs/，2019
年 3 月31日閲覧）および各種統計．

第6章　投資信託

本章のポイント

　投資家がリスク商品への投資のメリットを享受するためには，長期の積立・分散投資が有効とされるが，投資信託はこれに最も適する特徴を持っており，国民の資産形成の中心となる金融商品として期待が大きい．

　日本の投資信託の法令上や形態上からの分類について説明する．法令上の分類としては，主流となっている委託者指図型の証券投資信託を理解することが重要である．形態上の分類では，公募と私募，単位型と追加型などがある．

　特色のある投資信託として，ETF（上場投資信託）と J-REIT（上場不動産投資信託）を取り上げて概観する．

　また，投資信託のリターンとリスク，運用とパフォーマンス評価，ディスクロージャー（情報開示），コストについて見てみよう．

1　投資信託の特徴

　投資信託は，国民の資産運用の中核的商品として，2014年の NISA（小額投資非課税制度）創設等により，ますます期待が高まっている．それは，投資信託が投資家の資産運用にもっとも適した金融商品であるからである．

　有価証券などのリスク性商品に投資を行う場合には，相応のリターンを期待することができる一方，元本割れのリスクがある．この投資リスクを可能な限り軽減しつつ，安定的な資産形成を行うためには，長期の積立・分散投資が有

効とされる．

　投資信託は，2018年から開始した投資に関する非課税措置である「つみたてNISA」にも採用されていることが象徴するように，長期の積立・分散投資に最も適する商品といえる．その理由は，投資信託が次のような基本的な特徴を持っているからである．

① 多数の投資家から資金を集める．
② その資金をプールして１つのファンド（基金）を設立する．
③ ファンドは投資家の共同の計算において，有価証券などに分散投資される．
④ 投資の専門家によって運用・管理される．
⑤ ファンドの運用の収益は，出資持分に応じて分配される．

　この投資信託の特徴のうち，「有価証券などへの分散投資」は，投資家にとって投資の重要な要素の１つである．分散投資には，国・地域の分散，資産の種類（アセットクラス）の分散，銘柄分散，時間分散などがあるが，時間の分散，つまり投資時期の分散は，長期の積立てによって実現可能である．その他の国・地域の分散，アセットクラスの分散，銘柄分散，つまり投資対象の分散は，投資信託で容易に実現可能である．投資対象の分散ということで，いろいろなアセットクラスや銘柄を個々に投資するのは，十分な資金量や調査分析・手続きの手間がかかる．この点，投資信託であれば，１つのファンドを購入することでも対応が可能となる．

　また，投資信託は，アセットクラス・地域・投資手法などの違いやその組合せなどによってさまざまな商品の開発が可能である．１つのファンドでアセットクラス・地域が分散されているものから，例えば日本株のアクティブ運用ファンドというように，１つのアセットクラスに投資するものまで，さまざまな商品がある．なお，１つのアセットクラスに投資するファンドといっても，通常，そのアセットクラスの中で銘柄分散が行われている．

第6章 投資信託　*113*

投資家は，自身の家計の金融資産の保有状況に合わせて，多様な投資信託の中から投資対象を選択することができる．例えば，アセットクラス・地域が分散されているファンドに絞って投資を行ってもよいし，預貯金などの元本確保型の金融商品を多く保有している家計であれば，株式のみを投資対象とする投資信託へ投資を行ってもよい．さらに，円資産の金融商品を多く保有している家計であれば，海外資産のみを投資対象とする投資信託へ投資を行ってもよいだろう．

2 投資信託の分類

日本の投資信託は，法令上や形態上から，**図6-1**のとおり分類されている．この分類は，投資信託を知るうえで基本的なものであるので，理解しておく必要がある．

（1）法令上の定義による分類

わが国では，「投資信託及び投資法人に関する法律」（以下，「投信法」という）によって，契約型の投資信託として「委託者指図型投資信託」と「委託者非指図型投資信託」の2つ，会社型の投資信託として「投資法人」を定義している．

委託者指図型投資信託とは，信託財産を委託者（投資信託委託会社）の指図に基づいて主として有価証券等に投資運用する信託であって，その受益権を分割して多数の投資家に取得させるものである．この信託契約は，委託者と受託者（信託銀行等）との間で締結されることから，契約型投資信託と呼ばれる．

なお，投信法は，委託者指図型投資信託のうち，主として有価証券に投資運用される投資信託を「証券投資信託」と定義している．具体的には，投信法施行令により信託財産の総額の2分の1を超える額を有価証券に投資運用することを目的とするものとしている．

また，委託者非指図型投資信託とは，受託者（信託銀行等）が多数の委託者（投

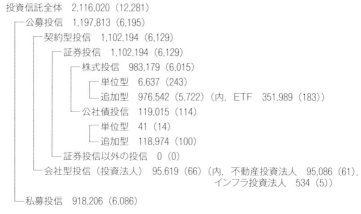

図6-1　投資信託の分類別の純資産額
(注1) 2018年10月末，不動産・インフラ投資法人は9月末．
(注2) 単位：純資産額は億円，カッコ内は本数．
(出所) 投資信託協会の資料から作成．

資家）との間で締結する信託契約により受け入れた金銭を，合同して，委託者の指図に基づかず主として有価証券以外の資産に投資運用する信託である．これも信託契約を締結することから，契約型投資信託の一種である．

一方，投資法人とは，資産を主として不動産等に投資運用する社団である．投資法人という特別法人の形態をとっているが，株式会社に類する組織としている．すなわち，投資法人の役員には執行役員と監督役員が置かれ，投資家は投資主として投資主総会への出席・議決権などの権利が認められている．

以上の投資信託の定義から見ると，現状では，わが国の投資信託のほとんどは委託者指図型の証券投資信託である．このため，投資家の投資商品としての観点から重要となるのは，証券投資信託であるといえる．

なお，投資法人の資産規模は，証券投資信託と比較すれば小さいが，証券取引所に上場されている投資法人である不動産投資法人（主として不動産に投資運用される上場投資法人で，いわゆるJ-REIT（ジェイリート）と呼ばれる．）は，投資家の分散投資の対象商品として重要な地位を占めているものといえる．

（2）代表的な形態による分類

投資信託の形態上の分類としては，次のものが代表的な分類といえる．

① 公募投資信託と私募投資信託

公募投資信託とは，不特定・多数（50人以上）の者を対象に取得の勧誘を行う投資信託であり，私募投資信託とは，特定（適格機関投資家や特定投資家）または少数（50人未満）の者を対象に取得の勧誘を行う投資信託である．通常，一般投資家の投資対象となるのは公募投資信託である．私募投資信託は，年金基金や生命保険会社等の機関投資家等のオーダーメイド的な資産運用のニーズに応えて設定されるものである．

② 株式投資信託と公社債投資信託

株式投資信託とは，信託約款上，株式に投資することができる投資信託である．株式を主たる投資対象とするファンドだけでなく，株式を少しでも組み入れることが可能なファンドも株式投資信託に分類される．一方，公社債投資信託とは，信託約款上，株式に投資することができない投資信託である．これは，株式を一切組み入れることはなく，公社債や短期金融商品などで運用される．

投資家の投資対象としてみると，現状は，株式投資信託が主流となっている．公社債投資信託については，主要商品であったMMFが2016年に導入された日本銀行のマイナス金利政策により運用難となり同年中にすべて償還されるなど，残高は急減している．

③ 単位型投資信託と追加型投資信託

単位型（ユニット型ともいわれる）投資信託とは，当初集めた資金で運用を開始し，その後新規資金の追加を行わない投資信託である．投資家から見ると，当初の募集期間中に申し込まないと，その後は購入できないファンドといえる．一方，追加型（オープン型ともいわれる）投資信託とは，当初の設定後も資金の追加設定を認める投資信託である．投資家は，ファンドの運用開始後も，基準価額（時価）で購入することができる．現状では，追加型投資信託が主流となっている．

④ オープン・エンド型とクローズド・エンド型

オープン・エンド型の投資信託とは，発行証券の買戻し（解約）を認めているタイプの投資信託である．投資家は，発行証券の解約・買戻し請求をすることによって換金することができる．一方，クローズド・エンド型の投資信託とは，発行証券の買戻し（解約）を認めてないタイプの投資信託である．投資家の解約・買戻しを認めない代わりに，発行証券を証券取引所に上場して投資家の売却ニーズに応える措置が講じられている．

現状では，契約型投資信託は原則としてオープン・エンド型である．一方，会社型投資信託の代表である J-REIT は，クローズド・エンド型であり，証券取引所へ上場されて売買されている．

⑤ ファンド・オブ・ファンズ

ファンド・オブ・ファンズとは，一言で言えば他のファンドに投資することができるファンドである．ファンド・オブ・ファンズは，自社で運用する他のファンドを組み入れるものと他社で運用するファンドを組み入れるものがある．特に，後者の場合には，専門分野に強い運用会社（たとえば新興国の株式市場に強い会社や海外の不動産投資信託に強い会社など）のファンドを組み入れることで，自社にない運用分野に投資するファンドを作ることができる．現状では，こうしたファンド・オブ・ファンズの形態をとるファンドも数多く販売されている．

（3）投資信託協会による投資方針等による分類

投資信託協会は，投資家が投資信託を購入する際のファンド選択の利用に資するため，投資方針等による商品分類を定めている．投資家にとって分かりやすくするため，ファンドの主たる投資収益の源泉や実際に組み入れられている資産の属性に着目した分類となっている．たとえば，投資対象資産（収益の源泉）においては，株式，債券，不動産投信，その他の資産，資産複合に区分し，それぞれ属性区分として株式なら一般，大型株，中小型株の別を記載し，債券

なら一般，公債，社債，その他債券の別を記載し，また格付け等のクレジットによる属性を併記してもよいとしている．投資対象地域は，国内，海外，内外の区分を記載し，さらに属性区分でグローバル，日本，北米，欧州，アジア，オセアニア，中南米，アフリカ，中近東(中東)，エマージングの別を記載する．

3　投資信託の運営の関係者

投資家が投資信託を購入する場合は，証券会社や銀行などに口座を開いて，購入することになる．こうした販売会社が投資家の窓口となって売買や分配金の支払いなどが行われるが，ファンドの運用は投資信託委託会社が行い，運用資産の保管・管理は受託会社が行っている．投資信託を知るためには，こうした投資信託を運営している関係者とその業務を理解することが重要である．

投資信託の主流である証券投資信託の運営の関係者及びその主な業務は，次の通りである（運営の関係図は図6-2参照）．

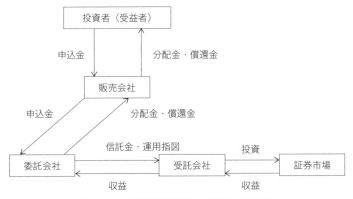

図6-2　証券投資信託の運営の関係者

（1）委　託　会　社

委託会社は，投資信託の委託者として，ファンドを作り，運用を行う．具体的には，次のような業務を行うが，最も重要な業務は信託財産の運用指図，つまりファンドの運用である．

① 信託約款の作成と当局への届出
② 信託契約の締結，信託財産の設定
③ 受益証券の募集，発行
④ 信託財産の運用指図
⑤ 収益分配金・償還金の支払い
⑥ 目論見書の作成，運用報告書の作成と交付
⑦ 基準価額の計算

（2）受　託　会　社

信託会社または信託業務を営む金融機関が投資信託の受託会社となることができる．その主な業務は，次の通りである．このうち最も重要な業務は，信託財産の保管・管理であり，これには委託会社の指図に従った有価証券の売買等の実行が含まれる．

① 信託契約の締結
② 信託財産の保管・管理（有価証券の売買等の実行を含む）
③ 信託財産の計算（基準価額の計算を含む）

（3）販　売　会　社

証券会社，銀行等の金融機関が販売会社となる．投資信託は，1951年の発足以来，証券会社によって長い間独占的に販売されてきたが，1998年の金融ビッグ・バン（金融・資本市場の制度の抜本的改革）により，銀行等金融機関による投資信託の販売が認められ，開始した．さらに，2005年には，日本郵便公社（現

在のゆうちょ銀行）の取扱いも始まった．

　1993年から，委託会社による直接販売（直販）も行われている．契約型投資信託の受益証券の発行者であり，運用の指図者でもある委託会社は，みずからの発行する受益証券を，投資家に直接販売することができる．証券会社や銀行の系列の委託会社は，親会社の販売網を利用できるので，直販を行うところはほとんどないが，独立系の委託会社では直販を行うところが少なくない．

　販売会社は，委託会社との契約に基づき，投資信託の販売を行い，収益分配金の支払いや解約の受付など，投資家の窓口となる．具体的には，次のような業務を行う．

　　① 受益証券の募集及び売買の取扱い
　　② 収益分配金，償還金及び一部解約金の支払いの取扱い
　　③ 受益証券の買取り，解約請求の受付
　　④ 目論見書の交付
　　⑤ 運用報告書の交付の取扱い
　　⑥ 取引報告書，取引残高報告書等の交付

（4）受　益　者

　投資信託を取得した者が受益者となる．受益者の有する権利（受益権）には，信託財産の運用収益の分配及び償還金を受領する権利，信託財産の帳簿閲覧請求権，信託約款における商品性を変更させるような重要な変更の際の書面決議の議決権などである．

4　特色のある商品

（1）ETF

通常，投資家の投資対象として中心となる証券投資信託は，非上場であり，

オープン・エンド型として投資家の買戻し（解約）に応じる仕組みとなっている。

　一方，ETF（Exchange Traded Fund，上場投資信託）は，株価指数などの指標への連動を目指すインデックス・ファンドで，株式と同様，証券取引所に上場され売買されるファンドである。ETF はクローズド・エンド型に近く，投資家は証券会社を通じて証券取引所で売り買いを行う。ただし，追加設定や解約を行わない純粋なクローズド・エンド型ではなく，一定の大口単位（対象株価指数構成銘柄の現物株式のバスケット等）での追加設定や交換が可能となっている。こうした追加設定等の仕組みから，通常の投資信託よりも運用コストを低減することができるので，信託報酬が通常の投資信託に比べて低くなっている。

　ETF は，連動を目指す指標の多様化が進み，内外の株価指数を始め，債券，REIT（不動産投信），金・石油などの商品（コモディティ）などの指標を対象としたものがある。

　ETF は，インデックス・ファンドとして市場平均の値動きを目指す点が投資家に分かりやすいこと，信託報酬が通常の投資信託に比べて低いこと，商品多様化が計られていることから，投資家の投資対象として重要な金融商品であるといえる。

　東京証券取引所には，国内籍の ETF のほか，海外籍の ETF も上場されており，国内株や国内債のインデックスに連動を目指す ETF だけでなく，外国株，REIT，コモディティなどのインデックスに連動を目指す ETF など，商品種類が多様であり，投資家の中長期運用，分散投資に適する（表6-1参照）。

（2）J-REIT

　J-REIT（Japan-Real Estate Investment Trust）は，日本の不動産投資信託で，証券取引所に上場されているものを指している。J-REIT は，主として不動産に投資運用するもので，投信法上，会社型でも契約型でも，またオープン・エンド型でもクローズド・エンド型でも設定が可能である。しかし，現状では，

第6章　投資信託　*121*

表6-1　東京証券取引所のETF上場銘柄

(2018年11月末現在)

対象指数の種類別	本数
日本株（市場別）（上場インデックスファンド TOPIX など）	24
日本株（規模別）（TOPIX Core 30 連動型上場投資信託など）	6
日本株（業種別）（ダイワ上場投信・TOPIX―17 医薬品など）	38
日本株（テーマ別）（i シェアーズ MSCI ジャパン高配当利回り ETF など）	25
外国株（Simple-X NY ダウ・ジョーンズ・インデックス上場投信など）	41
債券（i シェアーズ　米ドル建てハイイールド社債 ETF（為替ヘッジあり）など）	13
不動産（SMAM 東証 REIT 指数上場投信など）	13
商品・商品指数（WTI 原油価格連動型上場投信など）	10
商品（外国投資法人債券）（ETFS 金上場投資信託など）	19
レバレッジ型・インバース型（日経平均ブル 2 倍上場投信など）	29
エンハンスト型（MAXIS トピックスリスクコントロール（5 ％）上場投信など）	4
合　計	222

（出所）東京証券取引所の資料から作成.

投資対象である不動産は流動性が少ないことからクローズド・エンド型として，また証券取引所に上場することで流通性を確保することから上場に適している会社型（投資法人）の形態をとっている.

　J-REIT は，オフィスやマンションなどを保有し，その家賃収入が収益の源泉となっていることから，短期的な景気や金利の変動に敏感な株式や債券投資の収益とは異なった動きとなり，投資家の分散投資に有効な金融商品といえる.このため，J-REIT に投資運用する投資信託もあり，投資家の分散投資に利用されている.

5　投資信託のリターンとリスク

　投資信託は，投資対象となる資産や投資方針等によって，リスク・リターン特性の異なる様々な商品設計が可能であり，ハイリスク・ハイリターンから

ローリスク・リターンまで多様な商品が投資家に提供されている．そのリスク・リターンは，投資している有価証券などが持つリスク・リターンがもとになっている．

（1）運用におけるリターンとリスク

投資信託の運用におけるリターン（利益）は，組み入れている株式の配当金や債券の利金などのインカムゲインと，株式や債券などの値上がり益であるキャピタルゲインに分けられる．こうした運用リターンは，ファンドごとに定められた収益分配方針に従って，年1回などの決算を行って，投資家に分配される．

一方，投資信託の主なリスクは，次のとおりである．

① 価格変動リスク

価格変動リスクとは，運用している債券や株式などの有価証券の価格が変動することで，ファンドの基準価額が変動することである．有価証券の価格が変動すれば，期待通りの値段で購入や売却ができなくなる．たとえば，債券の場合，満期まで保有すれば額面で償還されるが，満期償還まで保有せずに途中売却する場合には，市場価格（時価）での売却となり，売却時の市場価格の状況によっては，値下がり損失が発生することになる．

② 金利リスク

金利リスクとは，金利の変動によって債券価格が変動するリスクのことである．市場金利と債券価格の間には，一般的な固定利付債券の場合，市場金利が低下すると債券価格は上昇し，市場金利が上昇すると債券価格は下落するという関係がある．

③ 為替リスク

外貨建て証券に投資した場合，為替レートが変動した場合，外貨建ての価格そのものには影響しないが，円ベースでみた証券価格は影響を受けることになる．これが為替リスクである．たとえば，為替レートが1ドル100円のときに

ドル建て債券に投資したとする．債券価格が1ドルだったとすると，円換算では100円となる．その後，為替レートが110円になったとすると（ドル高円安），債券価格が1ドルで変わらないとしたら，円換算では110円に上昇していることになる．逆に，為替レートが90円になったとすると（ドル安円高），ドル建ての債券価格が変わらなくても円換算では90円に下落する．

④ 信用リスク

社債発行企業などが倒産した場合などには，当該社債の元本や利息の支払いが行われない場合がある．この債券の発行体が約束どおりの元利払いができなくなる（デフォルトする）リスクを信用リスクという．デフォルトしてしまった債券は，通常は額面を大きく割り込んで返済されることになる．債券が実際にデフォルトしなくても，デフォルトする危険が高まった（信用力が悪化した）とみなされるときは，その債券の市場価格は下落する．

⑤ 流動性リスク

流動性（換金性）とは，債券や株式などの有価証券を売却するとき，どの程度容易に取引ができるかということである．流動性が高いといえば，市場で売買が活発に行われていて，容易かつ低コストで思った値段で売却ができることであり，一方，流動性が低いといえば，市場で売買が活発に行われておらず，売却しようとしてもなかなか取引相手が見つからなかったり，大きなコストがかかったりしたり，思った値段よりも安値での売却となってしまうことである．

⑥ カントリーリスク

カントリーリスクとは，国の信用力によるものであり，政治や経済等の状況により，債券の利払いや元本返済が滞る事態になったり，資金移動に制約がかかったりすることなどである．一般的に，新興国は先進国に比べて，カントリーリスクが高い．

（2）トータルリターン通知制度

投資信託の保有者からみた投資リターンは，ファンドの決算時の収益分配金

と売買益である．近年，毎月分配型の投資信託が増加し，分配金の多寡ばかり
に目が移り，基準価額の変動が投資リターンに影響することに注意がいかず，
また分配金はファンド資産から支払われ元本の払戻しに相当する場合があるこ
とを理解していない投資家が少なくないといわれる．このため，投資信託の投
資リターンは分配金に基準価額の変動によるキャピタルゲイン・ロスを加えた
トータルリターンで見ることを徹底すべきであるという観点から，投資家が投
資信託購入時点から現在までの投資期間全体における累積分配金を含む累積損
益（トータルリターン）を把握できるよう，2014年12月にトータルリターン通知
制度が導入された．

　投資信託の販売会社は，投資家ごとに，トータルリターン（＝評価金額＋累計
受取分配金額＋累計売付金額－累計買付金額）を年1回以上通知することとされてい
る．トータルリターンの具体的な計算例は，次のとおりである．

　投資家Aさんは，追加型株式投資信託Xファンド（当初元本1口＝1円）を，
分配金受取コースを選択して購入した．Xファンドの概要およびAさんの取引
状況は，以下のとおりである（基準価額および収益分配金は1万口当たりの額）．
〈Xファンドの概要〉
　買付申込手数料は基準価額の2.16％（税込み）
　決算日は年1回（8月××日）
〈AさんのXファンドの取引〉
　2016年9月××日：基準価額11,000円で，100万口を購入
　　　　　　　　　買付代金（取得費，手数料込み）は，1,123,760円
　2017年8月××日：決算による収益分配金200円（うち元本払戻金100円）．
　　　　　　　　　受取分配金（税引き後）は，17,969円
　2018年1月××日：基準価額13,000円で，保有している口数のうち20万口を解約
　　　　　　　　　受取金額（税引き後）は，252,434円
　2018年4月△△日：基準価額14,000円
　　　　　　　　　保有している80万口の評価金額は，1,120,000円

第6章　投資信託　*125*

> ・Ａさんの X ファンドの2018年４月△△日現在のトータルリターンは，次の
>   とおりである.
> ・トータルリターン＝評価金額＋累計受取分配金額＋累計売付金額－累計買付金額
>   　　　　　　　　　＝1,120,000円＋17,969円＋252,434円－1,123,760円
>   　　　　　　　　　＝266,643円

6　投資信託の運用とパフォーマンス評価

（1）投資信託の運用

投資対象・取引

　投資信託の投資対象は，株式や債券などの有価証券，不動産，コモディティ（商品，商品先物）などが認められている．また，先物取引やオプション取引，為替取引なども利用できる．こうした幅広い投資対象・取引が認められているので，これらを組み合わせるなどして，多様な商品性格・特色を持つファンドの設計が可能となっている．このため，投資信託は，投資家の分散投資に資する重要な金融商品となっているのである．

アクティブ運用とパッシブ運用

　ファンドの代表的な投資手法に，アクティブ運用とパッシブ運用がある．

　アクティブ運用とは，一言で言えば，ベンチマークとするインデックス以上のパフォーマンスを目指す運用手法である．ベンチマークとは，運用の目標基準あるいはパフォーマンスの評価基準を指し，市場平均の値動きを示す指標が採用される．たとえば，国内株式ポートフォリオでは東証株価指数や日経平均株価など，公社債では各種公社債インデックス，バランス型ではその標準的資産配分に合わせた合成インデックスが作成される．

　アクティブ運用は，市場平均を上回る運用成果をあげるために，ファンド・マネージャーの銘柄選択等の運用の腕が試される運用手法といえる．

一方，パッシブ運用とは，ベンチマークとするインデックスの投資収益率に等しい収益率をあげることを目的とする運用手法である．パッシブ運用の代表的な例がインデックス・ファンドである．インデックス・ファンドは，組入銘柄の売買回転が少なく，銘柄選択のための調査・分析コストが不要であるので，アクティブ運用に比べて運用コストが低くなる．このため，ファンドの信託報酬も低くすることができるので，この点が投資家の長期投資にとって魅力といえる．

（2）パフォーマンス評価

リスク調整後リターン

投資信託のようなポートフォリオのパフォーマンス（運用成果）の評価は，単にリターン（投資収益率）を測定するだけでは十分でなく，リスク（標準偏差）を考慮する必要がある．運用においてとったリスクに見合ったリターンが，他のファンドに比べてどうかという評価が重要となる．同じリスクをとったとして，リターンが大きい方がパフォーマンスが優れているのである．

こうした考え方から導き出されたのが，「リスク調整後リターン」（「リスク調整後のパフォーマンス測度」ともいう）であり，これはいくつかあるが，最も一般的なのはシャープ・レシオや情報係数（インフォーメーション・レシオ）である．

シャープ・レシオ

シャープ・レシオは，次の算式で計算される．

シャープ・レシオ＝（ファンドの平均収益率−無リスク資産の平均収益率）÷ファンドの標準偏差

シャープ・レシオの数値が大きいほど，ファンドのパフォーマンスが優れているとされる．たとえば，A,B2つのファンドが過去5年間，ともに平均10%のリターンをあげていたとする．シャープ・レシオがAファンド0.16で，B

第6章 投資信託　*127*

ファンド0.25であったとすると，Bファンドは，Aファンドより少ないリスク
で同じリターンをあげたということになり，パフォーマンスが優れていること
になる．

情報係数（インフォーメーション・レシオ）

　シャープ・レシオは，ファンドが全体としてどれだけのリスクをとってどれ
だけのリターンを上げたかを測る指標であるが，インフォーメーション・レシ
オは，どれだけベンチマーク以上のリスクをとってどれだけのベンチマーク以
上のリターンを上げたかを測る指標である．多くのアクティブ・ファンドでは
運用の目標としてベンチマーク，たとえば日本株ファンドであればベンチマー
クを東証株価指数というように定めている．このため，ベンチマークに比べて
パフォーマンスはどうかというのが大切となり，これを測るのがインフォー
メーション・レシオである．これは，次の算式で計算される．

　　　インフォーメーション・レシオ＝（ファンドの平均収益率−ベンチ
　　　マークの平均収益率）÷（ファンドの標準偏差−ベンチマークの標準
　　　偏差）

　インフォーメーション・レシオはファンドのアクティブ運用力を示すもの
で，アクティブ・ファンドのパフォーマンス評価はシャープ・レシオよりもイ
ンフォーメーション・レシオを用いるのが適している．インフォーメーショ
ン・レシオが大きいほど，アクティブ運用が優れていることを表している．

7　ディスクロージャーとコスト

（1）ディスクロージャー（情報開示）

　投資家に対して，投資信託の運用の対象や仕組み，運用手法などを知らせず
に，数ある投資信託の中からを選んで購入しろというのでは，投資家は判断で

きない．このため，投資家に対し投資判断に有益な材料となる情報を提供することによって，投資家が自ら投資判断することを可能にする制度が，投資信託のディスクロージャーである．投資家保護を図りつつ，投資信託への投資を促す手段として重要なものである．

　投資信託のディスクロージャーは，基本的には金融商品取引法に基づき，それを投信法で補強するという形になっており，投資家が投資信託を取得しようとする際に行われる「発行開示」と，ファンドの設定後一定期間ごとに行われる「継続開示」がある．

　発行開示の中心となる「目論見書」と，継続開示の中心となる「運用報告書」について見てみよう．

目 論 見 書

　投資信託の目論見書とは，ファンドを募集・販売する際に，投資家にそのファンドの内容を開示（ディスクローズ）する文書であり，投資家に必ず交付する目論見書（「交付目論見書」と呼ぶ）と，投資家からの請求に応じて交付する目論見書（「請求目論見書」と呼ぶ）に二分化されている．

　交付目論見書は，投資家が読みやすく，分かりやすくするため，その記載内容を投資判断にきわめて重要な投資情報（ファンドの目的・特色，投資リスク，運用実績，手続き・手数料など）に限定し，大幅に簡素化されている．一方，請求目論見書は，記載内容をおおむね有価証券届出書と同じとし，幅広く，詳細な情報を提供することとしている．

運用報告書

　投資信託の運用報告書とは，ファンドの決算時や償還時に，受益者へ運用経過とその結果を報告する文書であり，運用報告書のうち重要な事項を記載した「交付運用報告書」と，すべてを網羅した「運用報告書（全体版）」に二段階化されている．

第6章 投資信託　*129*

　運用報告書は，原則ファンドの決算終了後に遅滞なく作成され，交付運用報告書は書面または電磁的方法で受益者に交付される．また運用報告書（全体版）は，受益者の請求があった場合に交付される．

（2）投資信託のコスト

　投資信託への投資における投資家の最終的な利益は，運用における収益から投資家が支払った手数料などのコストを差し引いたものである．このため，投資信託にかかる手数料などのコストにはどういうものがあるのかを理解することが重要となる．

　投資家が直接負担するコストとして，募集・販売手数料，信託財産留保額などがある．また間接的に負担するコストとして，信託財産から徴収される信託報酬（運営管理報酬）などがある．

募集・販売手数料

　投資家が投資信託を購入する際に負担する手数料である．販売会社がファンドごとに自由に定めることができるので，同じファンドでも販売会社によって手数料率が異なるケースが多くみられる．この手数料は販売会社の収益となる．一般に，募集・販売手数料率は，商品の仕組みや運用内容が複雑で，説明に時間や労力を要するものほど高くなっている．募集・販売手数料を徴収しないファンドもあり，ノーロード・ファンドと呼ばれる．

信託財産留保額

　ファンドを換金する際に，信託財産留保額を徴収するファンドもある．信託財産留保額とは，投資家のファンド換金時に運用資産を売却するコストの負担の公平や安定運用のために設けられており，ファンドに留保され，帰属する．

信 託 報 酬 (運営管理報酬)

　信託報酬とは，投資信託を運営するために必要な三者，投資信託委託会社，受託会社及び販売会社に対して支払われるものである．委託会社及び受託会社は，ファンドの運用・管理等のためにみずから負担したコストを信託報酬として，信託資産から受け取る．販売会社は，委託会社から事務委託を受けて，投資家に対する収益分配金や解約金，償還金の支払や運用報告書の交付等の業務を行い，その対価として委託会社が受け取った信託報酬の一部を事務代行手数料（または代理事務手数料という）として受け取る．

　なお，投資家がファンドを売買する価格の基として，ファンドの毎日の時価 (基準価額) が算出され発表されているが，この基準価額は，日割りにした信託報酬を差し引いて算出されている．

　また，目論見書には，ファンドの信託報酬率と，投資信託委託会社，受託会社及び販売会社の三者の取り分が表示されている．

募集・販売手数料，信託報酬の引下げ

　2017年，金融庁は，証券会社及び金融機関に顧客本位の業務運営 (フィデューシャリー・デューティー) を求め，投資信託の販売会社が販売手数料稼ぎのために，顧客に短期乗り換えを促すなどの販売手数料重視の営業姿勢に対し，監視を強め，顧客の長期運用に資する営業姿勢，商品開発を促してきている．

　このため，投資信託の販売会社は，募集・販売手数料の料率を引き下げたり，無料のノーロード型を増やしたりするなどしてきている．従来からのインターネット専用ファンドや確定拠出年金専用ファンドに加えて，最近では，NISA専用ファンドなど，販売手数料をゼロとするファンドも多くなっている．

　また，信託報酬はファンドの保有期間中毎年かかるコストであり，長期投資には僅かな信託報酬率の違いでも運用成果への影響は侮れない．フィデューシャリー・デューティーの掛け声の下，2018年から始まった「つみたて NISA」の適格対象商品として信託報酬率の低い投資信託が求められていることなどか

ら，投資コストに敏感な若年層の長期積立投資を取り込もうと，信託報酬率の引下げが進展している．

8　現状と課題

（1）投資信託の現状

　日本の契約型公募投資信託の純資産総額は，図6-3のとおり，1990代のバヴル経済の崩壊や2008年のリーマンショックにより減少局面があったが，近年は，経済や証券市場の回復とともに，拡大を続けており，2018年10月末現在，110兆2194億円となっている．

　しかし，日本の投資信託市場を国際的に比較すると，2018年6月末現在，世界全体のオープンエンド投資信託の残高49.39兆ドルに占めるシェアは3.6%であり，米国の8.0%の規模に過ぎない（投資信託協会調べによる）．また，個人金融資産残高に占める投資信託の比率は概ね4～5%の水準で推移するなど，日本における投資信託の普及度は低いといわざるを得ない．

　投資信託は，家計における効率的で多様な資産運用手段として優れた金融商

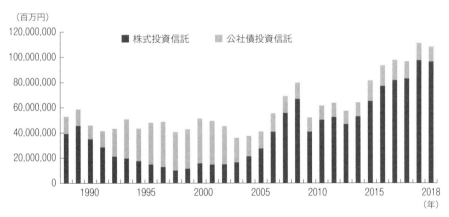

図6-3　公募証券投資信託の純資産総額の推移

（出所）投資信託協会の資料から作成．各年末．2018年は10月末現在．

品であることから，2014年に開始した一般 NISA や2018年に開始した「つみた
て NISA」，2017年に適用対象者が大幅に拡大した個人型確定拠出年金におけ
る主力商品として期待が大きい．

（2）投資信託の本数と規模の問題

　日本の契約型公募投資信託の本数は，投資信託協会の調べでは2018年10月末
現在，6195本であり，公募株式投資信託では6129本である．この本数の多さは，
毎年の新規設定本数が多いことによる．例えば，最近の公募株式投資信託の新
規設定本数について見ると，2014年702本，2015年709本，2016年595本，2017
年523本となっており（投資信託協会調べによる），減少傾向にあるものの，依然
として多い．こうした状況になっている理由としては，2014年には翌年開始し
た一般 NISA 向けの投資信託を作るということもあったが，販売会社側の営業
ニーズが強く影響していると思われる．顧客に販売推奨しやすいような，その
時々の市場の新しいテーマに沿った企業の株式に投資する投資信託を新規に販
売・設定する傾向が強いので，新規設定本数が多いとされる．例えば，IT 関
連，環境関連，ロボット関連などの市場のテーマであり，こうしたテーマ型の
投資信託は，市場でそのテーマが廃れたら関連株が下落し，ファンドの基準価
額も低迷し，人気がなくなり解約も増え，純資産が減少していくというパター
ンに陥りやすい．

　投資信託の本数が多く，1 本あたりの純資産が小さいという理由には，こう
したパターンを辿り，当初の規模が徐々に減少していったものも多い．ちなみ
に，金融庁の「家計の安定的な資産形成に関する有識者会議」の第 2 回会議の
資料（平成29年 3 月30日）によると，例えば，2012年に新規設定された公募投資
信託（403本）の約 7 割はピーク時の残高が100億円未満であり，ピーク時の残
高が100億円以上のもの（136本）のうち約 8 割はその後残高がピーク時から半
減している（すべてアクティブ・ファンド）と指摘している．

　こうした状況の中で，投資家にとって，数多くのアクティブ・ファンドから

市場平均以上のパフォーマンスを上げるファンドを事前に見分けることは難しい．また，特にテーマ型のアクティブ・ファンドは，通常中長期的にそのテーマが続かないといったことから，長期投資には適していない．そのテーマが廃れたということから，次の目新しいテーマを反映した別の投資信託への乗換えを繰り返すようであれば，これは短期の回転売買に他ならず，買付手数料のコストが嵩み，投資家の中長期運用に向いていないといえる．

　アクティブ・ファンドの多くが，設定されて数年で半分以下の資産規模まで資金が流出してしまう一方で，アクティブ・ファンドの中にも，マーケット（投資家）から継続的に選択，支持されて，コンスタントに資金流入が続き，資産規模が拡大しているものもある．この投資家に支持されているアクティブ・ファンドは，長期的な目線で銘柄発掘を行っているファンドが多く存在するとされる．投資家にメリットが大きい，長期・積立・分散投資のためには，運用会社，販売会社ともに，こうした投資信託を育てていくことが求められている．

参考文献

坂下晃・外島健嗣・田村香月子『証券市場の基礎知識』晃洋書房，2010年．

田村威『十三訂 投資信託——基礎と実務』経済法令研究会，2016年．

日本証券経済研究所編『図説 日本の証券市場2016年版』日本証券経済研究所，2016年．

金融庁「市場ワーキング・グループ報告〜国民の安定的な資産形成に向けた取組みと市場・取引所を巡る制度整備について〜」2016年12月，金融庁 HP（https：//www.fsa. go.jp/singi/singi_kinyu/tosin/20161222-1/01.pdf，2018年12月18日閲覧）．

――――「家計の安定的な資産形成に関する有識者会議」の資料　2017年2月〜3月，金融庁 HP（https：//www.fsa.go.jp/singi/kakei/index.html，2018年12月18日閲覧）．

――――「長期・積立・分散投資に資する投資信託に関するワーキング・グループ」報告書　2017年3月，金融庁 HP（https：//www.fsa.go.jp/singi/kakei/01.pdf，2018年12月18日閲覧）．

.

第7章 外国証券投資

本章のポイント

　日本の投資家が外国証券投資を行う意義は，日本に比べて高い経済成長の国の証券への投資により，パフォーマンスの向上を図ることができること，また分散投資効果を享受することができることなどである．

　外国証券投資のリターンとリスクについて見てみる．特に外国証券投資には，日本の証券への投資にはない為替リスクやカントリーリスクがある．

　日本の個人投資家の外国証券投資は，国内投資信託を通しての投資が増加している．こうした外国証券へ投資する投資信託やＥＴＦについて見てみる．

　また，具体的な外国市場として，アメリカの証券市場と，新興国の証券市場（エマージングマーケット）への投資について，その特徴等を見てみる．

1　外国証券投資の意義

　外国証券投資は，個人投資家の資産形成にとってますます重要な投資手段となっている．国内証券だけの投資に比べて，外国証券を投資に加えることによって，効率的な資産運用になることを理解する必要がある．その主な理由をまとめると，次のとおりである．

　① 日本の少子高齢化は急速に進んでおり，2053年には人口が１億人を切り，65年には8808万人になると予想されている（「日本の将来推計人口」国立社会保障・人口問題研究所，2017年４月10日発表による）．65年の総人口に占める65歳以上の人

口の割合は15年の26.6％から38.4％に上昇する．65年の生産年齢人口（15歳から64歳まで）も15年の6割弱の4529万人まで大きく減少するとされる．こうしたことから，消費減少による国内マーケットの縮小，企業の生産の減少等により，経済成長はそれほど期待できない．

②一方，一般に1人当たりの国内総生産が1万ドル未満で，インフラが未発達の国である新興国は，今後まだまだ経済が成長する余地が大きい．国際通貨基金の予測では，先進国の2016年から2021年までの経済成長率は1.7％と変わらないのに対し，新興国は同期間に4.3％から5.1％と成長率が高くなる．このため，新興国の株式に投資して，これらの成長を取込むメリットは大きい．

③外国には，日本に存在しないまたは少ない産業がある．たとえば，鉱物・天然資源開発などであり，これらの企業の株式に投資することによって投資機会を拡大することができる．また，債券では国債や普通社債以外にも，MBS（不動産ローン担保証券）やABS（資産担保証券），高利回り社債（ハイ・イールド・ボンド）などの市場規模が大きい国もある．これらの多様なリスク・リターン特性を持つ証券に投資することができる．

④国内証券だけのポートフォリオに比べて，外国証券を加えて分散投資したポートフォリオは，分散投資効果が高まり，リスクが低減する．特に，経済成長のステージが日本と異なる新興国の証券を加えることによって，分散投資の効果の高まりが期待できる．

2　外国証券投資のリターンとリスク

（1）リターンとリスク

外国証券投資におけるリターンは，国内証券と同様に，株式の配当金や債券の利金などのインカムゲインと，株式や債券などの値上がり益であるキャピタルゲインに分けられる．

一方，外国証券の主なリスクは，国内証券と同様に，価格変動リスク，金利

リスク，信用リスク，流動性リスクなどがあり，さらに外国証券に特有の為替リスク，カントリーリスクがある．特に，外国証券への投資には，為替リスクの理解が欠かせない．例えば，利回りが高い外国債券に投資をして，高いリターンを期待しても，為替相場が円高になれば，最終利益がマイナスになってしまうこともある．

① 価格変動リスク

価格変動リスクとは，市場動向等によって外国の債券や株式などの有価証券の価格が変動することである．

② 金利リスク

金利リスクとは，金利の変動によって債券価格が変動するリスクのことである．市場金利と債券価格の間には，一般的な固定利付債券の場合，市場金利が低下すると債券価格は上昇し，市場金利が上昇すると債券価格は下落するという関係がある．

③ 為替リスク

外貨建ての外国証券に投資した場合，為替レートが変動しても外貨建ての価格そのものには影響しないが，円ベースでみた証券価格は影響を受けることになる．これが為替リスクである．外貨建て証券は，円安になると円換算後の価格は上昇し，円高になると円換算後の価格は下落することになる．

一般的に，外貨建て株式の場合，株価の変動率が大きいので，それに比較すると為替リスクは小さい．一方，外貨建て債券の場合には，通常，金利の変動に伴う債券価格の変動よりも為替リスクの方が大きくなる．したがって，外貨建て債券に投資する際は，為替リスクに十分留意する必要がある．

④ 信用リスク

社債の発行企業が倒産した場合などには，当該社債の元本や利息の支払いが行われない場合がある．この債券の発行体が約束どおりの元利払いができなくなる（デフォルトする）リスクを信用リスクという．

特に，アメリカでは格付の低い，つまり信用リスクの高い社債が高利回り社

債（ハイ・イールド・ボンド）と呼ばれて，大きな市場を形成しており，日本の個人投資家もこうした社債に投資運用を行う投資信託を購入することが増加している．また，一般に，エマージングマーケットの証券は，先進国のマーケットの証券に比べて，信用リスクが高い．

⑤ 流動性リスク

流動性（換金性）とは，債券や株式などの有価証券を売却するとき，どの程度容易に取引ができるかということである．特に，エマージングマーケットは，市場流動性が低いケースが少なくない．

⑥ カントリーリスク

カントリーリスクとは，国の信用力によるものであり，政治や経済等の状況により，債券の利払いや元本返済が滞る事態になったり，資金移動に制約がかかったりすることなどである．一般的に，新興国は先進国に比べて，カントリーリスクが高い．

（2）国際分散投資のメリット

投資対象が国内証券だけのポートフォリオに比べて，外国証券を加えたポートフォリオは，分散投資の効果が大きくなる．これは，国内証券と外国証券の値動きの相違，つまり相関が小さいので，分散投資によるリスク低減効果が発揮されるからである．

国際分散投資によるリスク低減効果について，国内株式のみへの投資と外国株式投資も加えた投資を比較したものが図7-1である．ポートフォリオに組み入れる銘柄数を増やすほど，ポートフォリオのリスクは減少していく．これは，個別銘柄に固有のリスク（アンシステマティック・リスク，非市場リスク）が相殺されて低減するからである．この非市場リスクは銘柄数をかぎりなく増やすことでゼロにすることが可能である．しかし，いくら銘柄数を増やしてもこれ以上リスクが減少しなくなる状態になる．この残ったリスクは，国内株式市場全体にかかわるリスクであり，市場リスク（システマティック・リスク）といわれ，

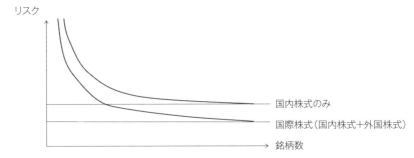

図7-1　国際分散投資の利益（リスク低減効果）
（出所）『新・証券投資論Ⅱ――実務篇』（日本証券アナリスト協会編）より引用．

国内株式だけでは減らすことのできないリスクである．

外国株式に投資を拡大すると，国内市場と外国市場のリターンの変動（ボラティリティ）の相違により，両者の市場リスクがある程度相殺されて，国内株式だけに比べてリスクがより低下することになる．

図7-2は，国内外の証券への分散投資の例として，金融庁のHPから引用したものである．それぞれの証券の値動きが合わさったことで，異なる種類の証券での運用という意味での「資産（銘柄）分散」と，国内外の証券での運用という意味での「地域の分散」が作用し，全体として安定的な値動きが実現できたことを示している．

3　為替リスクのヘッジ

（1）為替リスクのヘッジの考え方

外貨建て証券への投資については，為替相場の変動による円換算額の変動という為替リスクがあるので，そのリターンは次のようになる．

　　　　外貨建て証券の投資リターン＝現地通貨ベースのリターン±為替のリターン

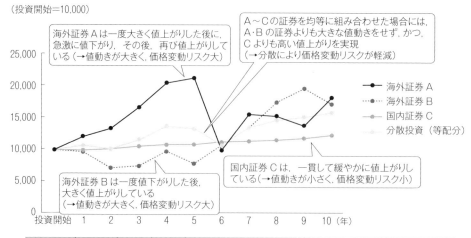

(円)	投資開始	1年	2年	3年	4年	5年	6年	7年	8年	9年	10年
海外証券A	10,000	12,060	13,278	16,558	20,498	21,380	10,134	15,586	15,212	13,858	18,279
海外証券B	10,000	9,690	6,800	7,327	9,826	7,644	10,778	13,473	17,475	19,711	17,188
国内証券C	10,000	10,080	10,100	10,373	10,726	10,876	11,137	11,348	11,564	11,795	12,291
分散投資（等配分）	10,000	10,610	10,093	11,419	13,683	13,300	10,683	13,469	14,750	15,122	15,919

(「資産（銘柄）の分散」・「地域の分散」の例)
　日本だけではなく，様々な国や地域の株式等（証券）に投資することを考えてみましょう。
　「異なる地域」の「異なる種類」の架空の証券を想定して，いずれの証券についても，最初は10,000円で購入し，その後，上記のグラフのような値動きをしたものと仮定します。
　購入した証券は，それぞれ異なる値動きをしています。例えば「海外証券A」は，5年目まで大きな値上がりが続いた後に急激に値下がり，その後，持ち直しています。また，「海外証券B」は，最初に値下がりをしましたが，その後に大きく値上がりしています。他方で，「国内証券C」は，一貫して緩やかな値上がりを続けています。
　次に，「分散投資（等配分）」の場合の動き（上記のA～Cまでの証券をそれぞれ同じ配分で持っていた場合の平均の値動きを示しています。）を見てみましょう。
上記のとおり，特に「海外証券A」や「海外証券B」の価格は年によって大きく変動していますが，これら2つと「国内証券C」を組み合わせた平均である「分散投資（等配分）」の値動きは，比較的安定した値動きを見せています。これは，対照的な値動きをした「海外証券A」と「海外証券B」，そしてなだらかな上昇を続けた「国内証券C」のそれぞれの値動きが合わさったことで，異なる種類の証券での運用という意味での「資産（銘柄）分散」と，国内外の証券での運用という意味での「地域の分散」が作用し，全体として安定的な値動きが実現できたことを示しています。

図7-2　資産・地域分散投資の例

(出所) 金融庁のHPより（https://www.fsa.go.jp/policy/nisa2/knowledge/basic/index.html, 2018年12月18日閲覧）．

そこで，為替相場の変動の影響を避けたい場合には，為替リスクをヘッジすることになる．為替リスクのヘッジの考え方は，次のとおりである．

例えば，投資家がポートフォリオの60％を米国株式，40％を現金で保有している場合，ポートフォリオの60％は米国株式の価格変動リスクにさらされていることになる．このように，価格変動要因に対してポートフォリオがさらされている度合いをエクスポージャーという．さらに，このポートフォリオは，同時に，円／米ドルの為替リスクにさらされているので，米ドルのエクスポージャーも60％とっていることになる．

この投資家が，米国株式と同じエクスポージャー分だけ円／米ドルの為替フォワード取引の売建て（米ドル売り・円買い）を行ったとする．なお，為替フォワード取引とは，たとえば，「1年先にドルを円に戻す（ドル売り・円買いする）為替の水準（フォワードレートという）」をあらかじめ予約することをいう．為替フォワード取引の売建てを行うと，米ドルに対してマイナスのエクスポージャーを持つことになる．つまり，米国株式の保有によって生じる米ドル・エクスポージャーと，米ドルの為替フォワード取引から生じる米ドル・エクスポージャーが相殺し合うため，米ドルへのエクスポージャーがなくなったわけである．したがって，このポートフォリオは，円／米ドルの為替レートの変動の影響を受けないことになる．これが為替フォワード取引による為替リスクのヘッジである．

為替リスクのある外貨建て資産総額に対する為替フォワード取引の金額の比率は，ヘッジ比率と呼ばれ，次の式のとおりである．

$$\text{ヘッジ比率} = \frac{\text{為替フォワード取引の想定元本}}{\text{為替エクスポージャーの資産総額}}$$

ヘッジ比率が0のときはヘッジなし，1のときは完全ヘッジ，0＜ヘッジ比率＜1のときは部分ヘッジと呼ばれる．ヘッジ比率が高くなるほど，為替リス

クの影響は小さくなる.

（2）為替フォワード取引のレート（フォワードレート）の決定要因

　為替リスクのヘッジ方法としては，一般に為替フォワード取引が使われる.
このフォワードレートがどう決まるのか，次の例で考えよう.

　たとえば，次の A,B の２つの投資プランを考えてみよう.

プランＡ：１年満期の割引国債を利回り１％で100万円購入し，満期まで保有.
プランＢ：100万円を米ドルに交換して，１年満期の割引米国国債を利回り２％
　　　　　で購入し，満期まで保有. 同時に１年後に円に交換するために，100％
　　　　　の為替ヘッジ取引をする. 投資開始時点での為替レートは，１米ドル
　　　　　＝100円とする.

　割引債を購入し，満期まで保有するので，債券の価格変動リスクはない. 米
国債は100％為替ヘッジすることにより為替リスクを回避できるとすると，為
替リスクもない. 両プランとも，まったく同じリスクで，リターンは，プラン
Ａが１％，プランＢが２％とすれば，だれもがプランＢを選択するだろう.
金融理論では，リスクが等しい両プランは，リターンも等しくなければならな
い. リターンが異なる場合には，フォワードレートによって，リターンが等し
くなるように調整される. つまり，フォワードレートは，次の算式のとおり，
２国間の金利差によって決まる.

　　　　直物（スポット）レート×（１＋日本短期金利）＝フォワードレート
　　　　　×（１＋米国短期金利）

　図７-３の例では，１年後のフォワードレートは，１米ドル≒99.02円となる.
スポットレートよりも円高の水準で１年後に，ドルを円に交換しなければなら
ないので，為替差損が発生する. これを為替ヘッジコストという.

　この例とは逆に，投資対象資産の通貨の短期金利と比べて，為替ヘッジを行

第7章 外国証券投資

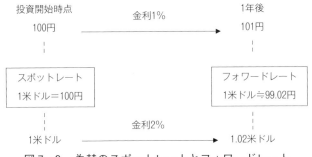

図7-3 為替のスポットレートとフォワードレート

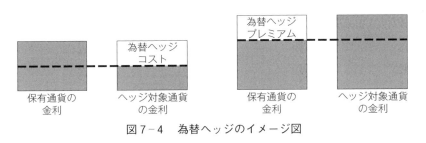

図7-4 為替ヘッジのイメージ図

う通貨の短期金利が高い場合には，為替ヘッジプレミアムが発生する．このように，金利水準（図7-4の網掛け部分）の違いにより，ヘッジコストが発生する場合とヘッジプレミアムが発生する場合がある．

　　為替ヘッジコスト／為替ヘッジプレミアム ≒ ヘッジ対象通貨の短期金利 − 投資対象資産の通貨の短期金利

4　投資信託による外国証券投資

　日本の有価証券だけでなく，外国証券をポートフォリオに加えたほうが分散投資の効果が大きくなり，投資効率が上がる．しかし，一般投資家が外国証券

投資において，自身の投資目的にあったものや良いパフォーマンスのものなど個別の外国証券の銘柄を選択するのは容易ではない．また，個別の銘柄では，分散投資の面においてリスクが高くなってしまう．

こうしたことを解決する方法として，投資信託の活用がある．投資信託であれば，基本的にファンドで分散投資が行われている．たとえば，米国株式に投資するファンドであれば，通常少なくとも十数銘柄以上には投資される．また，もっと分散投資をしたい場合には，たとえば，「MSCI-KOKUSAI インデックス」に連動するように運用されるインデックスファンドであれば，アメリカ，イギリス，フランス，ドイツといった主要な先進国の会社に分散投資を行える．さらに，新興国の株式や，アメリカのハイ・イールド・ボンド，世界の REIT（不動産投資信託）などへの投資も投資信託を通して行うことができる．

外国債券に投資する投資信託の場合，為替リスクをヘッジするものとヘッジしないものがある．為替リスクをヘッジした場合には，その分のヘッジコストや手数料がかかり，利回りが低下する．

一方，外国株式へ投資する投資信託の場合には，為替リスクをヘッジしないものがほとんどである．これは，一般に，為替リスクよりも外国株式の価格変動リスクが大きいということも考慮されていると考えられる．

また，東京証券取引所には，海外の株式市場や債券市場に関するインデックスに連動するように投資運用される ETF も上場されており，これも投資家の外国証券投資として利用することができる（表7－1参照）．

実際，日本の個人投資家における，投資信託を経由した海外 REIT やハイ・イールド・ボンドなどの外国証券への投資が増加している．

第7章 外国証券投資　*145*

表7-1　東京証券取引所上場の外国証券市場インデックス連動の ETF の例

（2018年11月20日現在）

	対象指数	名称	運用会社
株式	CSI300	上場インデックスファンド中国A株（パンダ）E Fund CSI300	日興アセットマネジメント
	MSCI ヨーロッパ・インデックス（ネットリターン）	UBS ETF 欧州株（MSCI ヨーロッパ）	UBS ファンド・マネジメント（ルクセンブルク）エス・エイ
	ダウ・ジョーンズ工業株30種平均	Simple-X NY ダウ・ジョーンズ・インデックス上場投信	シンプレクス・アセット・マネジメント
	MSCI-KOKUSAI インデックス	MAXIS 海外株式（MSCI コクサイ）上場投信	三菱 UFJ 国際投信
	MSCI エマージング・マーケッツ IMI 指数（国内投信用円建て）	i シェアーズ・コア MSCI 新興国株 ETF	ブラックロック・ジャパン
債券	FTSE 世界国債インデックス（除く日本，ヘッジなし・円ベース）	NEXT FUNDS 外国債券・FTSE世界国債インデックス（除く日本・為替ヘッジなし）連動型上場投信	野村アセットマネジメント
	ブルームバーグ・バークレイズ自国通貨建て新興市場国債券・10%国キャップ・インデックス	上場インデックスファンド新興国債券	日興アセットマネジメント

（出所）東京証券取引所の HP（https://www.jpx.co.jp/equities/products/etfs/issues/01.html，2018年11月20日閲覧）より作成．

5　アメリカの証券への投資

（1）アメリカの債券市場

　先進国の代表的な債券市場として，アメリカの債券市場を概観する．アメリカの債券は，発行体別でみると，連邦政府が発行する財務省証券（国債），政府機関と政府関連機関が発行する政府機関債，州・地方政府が発行する地方債，企業が発行する社債，非居住者が発行する外国債券（ヤンキー債）などがある．アメリカの債券市場では，国債の発行額が大きいが，政府機関債や社債，モーゲージ担保証券（不動産を担保とした証券）など国債以外の種別の発行額も比較的

大きい.

　政府機関債には，全額政府出資の連邦政府機関発行のものと，民間資本を導入している連邦政府関連機関（政府出資企業）発行のものがある．2008年に，サブプライム問題によって，政府の公的管理に置かれた連邦住宅貸付抵当公社や連邦住宅抵当公社は，政府出資企業として政府機関債を発行していたが，住宅関連のモーゲージ・ローンの保証・買取業務を行っていた．

　アメリカでは，住宅関連のモーゲージ担保証券の市場が大きかったが，このモーゲージ担保証券がサブプライム問題を引き起こした．サブプライム問題とは，次のようなものであった．21世紀に入ったアメリカでは，不動産市場，特に住宅価格が過熱していた．例えば，1997年から2006年までの10年間で住宅価格は2倍になった．住宅価格が上昇する中，一攫千金を求めて，住宅金融専門会社が次々と設立され，その住宅金融専門会社は，それまでローンを組んだこともない人々，つまり社会的信用の低い低所得層であるサブプライム層にまで貸し出した．しかし，2006年12月にピークを迎えた住宅価格が下がりはじめ，多くの人が住宅ローンを返済することができなくなった．

　投資銀行や連邦住宅抵当会社は，証券化という手法を使って，住宅ローンの返済金や分配金を求める権利（請求権）を原資産としたさまざまなモーゲージ担保証券などの金融商品を作り，それらを世界中の金融機関に販売して資金を集めていたが，これが破綻したわけである．2008年9月には，サブプライムローン証券化商品を大量に抱えていたアメリカの大手投資銀行リーマン・ブラザーズが倒産した．これは世界的に大きな金融危機を引き起こし，リーマンショックと呼ばれることとなった．

　モーゲージ担保証券の発行額は，2004年から2007年まで毎年，国債の発行額を上回り，最大の発行種類となっていたが，サブプライム問題により，モーゲージ担保証券の発行額が急減し，リーマンショック後の景気対策を講じるために国債の大量発行を行ったことから，以降は国債が最大発行種類となっている（表7-2参照）．

第7章 外国証券投資　*147*

表7-2　アメリカの財務省証券(国債), 政府機関債, モーゲージ担保証券, 社債
　　　　の発行額　　　　　　　　　　　　　　　　　　　　（単位：10億ドル）

年	財務省証券 （国債）	政府機関債	モーゲージ担保証券 （モーゲージ債）	普通社債その他社債
2004	853.3	877.8	948.7	1037.7
2005	746.2	635.0	1343.8	1068.6
2006	788.5	691.8	1354.2	1389.5
2007	752.3	831.2	953.6	1503.9
2008	1037.3	984.9	39.6	1025.3
2009	2074.9	1086.7	47.5	1129.2
2010	2304.0	1203.7	68.7	1189.6
2011	2103.1	838.4	50.3	1165.8
2012	2304.5	720.7	51.6	1589.2
2013	2140.0	419.5	107.5	1602.3
2014	2215.4	377.4	78.9	1693.8

（出所）『図説 アメリカの証券市場 2016年版』（日本証券経済研究所編）より作成.

　日本の投資信託も，こうしたアメリカのモーゲージ担保証券に投資するもの
が設定・販売されていたが，サブプライム問題により基準価額が大きく下落し
た.

　アメリカの社債市場は，信用リスクを評価する格付会社が早くから定着し.
格付に基づく発行条件設定が行われていたこと，機関投資家が長期債投資を
行ったことなどから，古くから発達した．アメリカでは，多種多様な社債が発
行されている．普通社債，転換社債，ワラント社債，強制転換社債，インデッ
クス債，利益参加社債，永久債，ゼロ・クーポン債などである.

　また，アメリカでは，普通社債のうちでも，高利回り債（ハイ・イールド・ボ
ンド）の市場が発達している．ハイ・イールド・ボンドとは，格付が投機的格
付であるBB格以下の債券で，信用力が低いため高クーポン，高利回りで発行
されるものである．1980年代には，企業の買収資金の調達という側面があった
が，近年は，信用力の低い発行体の資金調達市場として定着している．このハ

イ・イールド・ボンド市場も，サブプライム問題発生以降は発行が急減したが，その後回復している．ハイ・イールド・ボンドの投資家は，ミューチュアル・ファンド（アメリカの投資信託），保険会社，年金基金，投資顧問，外国投資家などである．

　日本では，機関投資家が社債でも格付の高いものしか投資しない傾向があるので，アメリカのようなハイ・イールド・ボンド市場が発達していない．こうしたことや日本の低金利などから，アメリカのハイ・イールド・ボンドに投資する国内の投資信託が投資家に販売されている．信用リスクなどの投資リスクが高いが，高い利回りが期待できる投資信託として個人投資家に人気となっている．

（2）アメリカの株式市場

　アメリカの株式市場は，アメリカの経済力を基盤に，世界で最も規模が大きく，先進的な市場であり，日本を始め世界の投資家の投資資金を集めている．日本の個人投資家がアメリカの株式に投資する場合には，直接投資を行うことも，国内の投資信託やETFを通して投資を行うこともできる．

　国内の投資信託には，アメリカの株式を投資対象とした投資信託は，アクティブ型もインデックス型も数多く販売されている．個別銘柄の選択が難しい投資初心者などの投資家の場合には，こうした投資信託を活用するとよい．

6　エマージングマーケット投資

（1）投資の特徴

高いリターンと分散投資効果の期待

　新興国のマーケット（エマージングマーケット）は，概して，自由主義経済の浸透から，金融市場の自由化，国際資本取引の自由化，国営企業の民営化等が進展しており，先進国に比較して高い経済成長率を示している．

このため，エマージングマーケットの株式や債券等への投資は，高い投資リターンを期待することができる．ただし，エマージング諸国の中には，すでに経済成長が進んで，成長ステージが高成長から中成長に落ち込むところも出てきているので，一概に高成長と捉えることには注意する必要がある．

また，エマージングマーケットの証券をポートフォリオに加えることによって，分散投資効果の高まりも期待することができる．たとえば，先進国の経済が堅調なときには，世界の投資資金は，リスクが低く相当なリターンが期待できる先進国の証券投資に向かうが，先進国の経済が不調の時は，リスクは高いが高い経済成長可能性があるエマージングマーケットへの投資に向かうというようなケースもある．このように，世界の投資資金の流れからも，先進国とエマージング諸国のマーケットの値動きの相関関係が低いことが考えられる．こうした先進国とエマージング諸国の成長ステージの異なりや投資資金の流れ等から生じるマーケットの相関関係の低いことから，十分な分散投資効果が得られるわけである．ただし，分散投資効果についても，成長ステージが先進国にキャッチアップしようとしているエマージング諸国については，そのマーケットの証券のリスク・リターン特性が先進国マーケットの証券との相関関係が高まると考えられ，分散投資効果が小さくなる可能性が生じてくる．

為替リスク

エマージングマーケットへの投資のリスクとして，為替リスクは大きな比重を占めるものである．エマージング諸国の通貨は，先進国と比べて相対的に変動が大きい．また，エマージング諸国の為替相場制度は，完全に自由化されていない国もあり，当局の厳格な管理下に置かれた変動相場制をとる場合もある．

カントリーリスク

エマージング諸国は，外国資本の受け入れのため，一般的には金融資本市場の自由化が進んだ国が多い．しかし，経済の混乱など有事の際には，突然，資

本規制が発動されて，資本の引き上げが困難になるケースもある．たとえば，過去には，アジア通貨危機の際に，マレーシアが短期資本規制を発動し，リンギ建ての証券の売買は当局の許可が必要となり，売却資金は1年間マレーシアに滞留させる必要があるといった規制を行ったことがあった．

また，いわゆる地政学的リスクもカントリーリスクの一種と考えられる．地政学的リスクとは，ある国や地域が抱える政治的，軍事的，社会的な緊張の高まりが，世界経済に波及するリスクである．たとえば，過去にはシリアやイラクにおけるイスラム国の台頭があった．

流動性リスク

エマージングマーケットへの投資は，カントリーリスクとともに，市場の流動性にも注意する必要がある．特に，先進国と比べて，証券市場への上場銘柄は少なく，取引量も少ないという発展途上のマーケットの場合には，流動性が低く，証券の売買が困難になるケースも生じる．また，取引コストも相対的に高くなるケースが多い．

（2）エマージングマーケットの株式への投資

投資家にとって，エマージングマーケットの株式への投資については，直接株式へ投資するよりも，投資信託を通じて投資するほうが利便性も高く，分散投資の効果も享受することができる．さらに，投資信託は，個別のエマージングカントリーの証券に投資するものもあるが，リスクが高くなるので，リスク分散の観点からは，複数のエマージングカントリーの証券に投資している投資信託を選択するとよい．

エマージングマーケットの株式のベンチマークとして代表的なものに，MSCIエマージング・マーケット・インデックスがある．これは，欧州，南米，アジア，アフリカ，中東のエマージング諸国の市場流動性の高い大型株，中型株から構成されている．

第7章　外国証券投資　　*151*

　国内投資信託として，この MSCI エマージング・マーケット・インデックスに連動を目指すインデックスファンドも設定・販売されており，個人投資家の国際分散投資に寄与している．

　また，MSCI エマージング・マーケット・インデックスに連動するように投資運用される ETF も東京証券取引所に上場されており，これも個人投資家の国際分散投資への活用が期待されている．

（3）エマージングマーケットの債券への投資

　国内債券市場は，低金利が長く続き，また2015年からの日本銀行のマイナス金利政策により，高い投資リターンを期待し難い状況となっている．このため，相対的に日本よりも高い金利の海外の債券が注目されている．エマージングマーケットの債券は，先進国の債券よりもリスクは高いが，高利回りが期待できるということで，投資家のポートフォリオ投資に組み込まれることが多くなってきている．これには，エマージング諸国の経済成長に伴うファンダメンタルの改善，金融資本市場の自由化などが大きく寄与している面がある．

　エマージングカントリーの債券には，ハードカレンシー債と国内債がある．ハードカレンシー債は，エマージングカントリーが先進国市場において発行する米ドル，ユーロ等の世界の主要通貨建ての債券である．国内債は，エマージングカントリーが自国の市場で発行する自国通貨建て債券である．

　エマージング債券は，信用リスクを中心とした安全性に最も注意しなければならないが，その目安として債券の格付が参考となる．S&P グローバル・レーティングやムーディーズ・インベスターズ・サービスなどが開示しているエマージング債の格付により，どの国の債券の安全性が高いかを知ることができる（主なエマージング諸国の国債の格付は，**表7-3**参照）．

　個人投資家がエマージング債券に投資する場合には，エマージングカントリーが日本国内で発行する円建て債券に投資するケースもあるが，分散投資効果を考慮すると，エマージング債券に投資する投資信託に投資するほうがよい．

表7-3 日米と主なエマージング諸国
の国債の格付

信用度	国名	格付
投資適格	シンガポール	AAA
	米国	AA+
	日本	A+
	中国	A+
	サウジアラビア	A−
	マレーシア	A−
	メキシコ	BBB+
	フィリピン	BBB
	インド	BBB−
	インドネシア	BBB−
投機的	ロシア	BB+
	南アフリカ	BB+
	ブラジル	BB
	トルコ	BB
	ベトナム	BB−
	アルゼンチン	B

(注) 格付はS&Pグローバル・レーティングの外貨建
て. 2017年10月23日現在.
(出所)『日本経済新聞』2017年10月25日朝刊から作成.

エマージング債券のうちのハードカレンシー債の代表的なベンチマークに,
JPモルガン・エマージングマーケット・ボンドインデックス (EMBI) のシリー
ズがある. このインデックスが対象とするエマージングカントリーは, 世界銀
行の基準で, 低・中所得国のカテゴリーに属する国である.

国内投資信託として, このJPモルガン・エマージングマーケット・ボンド
インデックスのシリーズに連動を目指すインデックスファンドも設定・販売さ
れており, 個人投資家の国際分散投資に寄与している.

東京証券取引所には, エマージング債券のインデックスに連動するように投
資運用されるETFも上場されている. たとえば,「上場インデックスファン

ド新興国債券」は,「ブルームバーグ・バークレイズ自国通貨建て新興市場国債・10％国キャップ・インデックス」への連動を目指す ETF である.

参考文献

日本証券アナリスト協会編,浅野幸弘・榊原茂樹監修,伊藤敬介・荻島誠治・諏訪部貴嗣著『新・証券投資論Ⅱ──実務篇』日本経済新聞出版社,2009年.

日本証券アナリスト協会編,小林孝雄・芹田敏夫著『新・証券投資論Ⅰ──理論篇』日本経済新聞出版社,2009年.

日本証券経済研究所編『図説 アメリカの証券市場 2016年版』日本証券経済研究所,2016年.

────『図説 アジアの証券市場 2016年版』日本証券経済研究所,2016年.

第8章 デリバティブ投資

―― 本章のポイント ――

　伝統的な商品から派生した商品であるデリバティブの原資産には，農・工業産品や金融商品，無形物など様々な種類がある．このうち金融商品を対象にしたデリバティブを金融派生商品と呼ぶ．デリバティブの歴史は古く，古代ギリシャ時代に遡ることができる．
　デリバティブの代表的な商品には先物取引，オプション取引，スワップ取引があり，各々には，株価指数先物取引，同オプション取引，金利スワップ等多くの種類がある．また，保有株式の値下がりを回避するための戦略，ハイリスク・ハイリターンを目指す戦略や，リスクを小さくしながらリターンを目指す戦略等，様々な投資戦略がある．

1　デリバティブ

（1）デリバティブとは

　デリバティブ（derivatives）とは，伝統的な商品から派生してできた取引の総称で，派生商品とも呼ばれる．デリバティブの元になっている資産を原資産といい，農産物や貴金属などの農・工業産品や，金利・為替・債券・株価指数などの金融商品，さらには天候や信用リスク等の無形物など様々な種類の原資産がある．このうち，金融商品を対象にしたデリバティブを金融派生商品と呼ぶ．デリバティブの種類には，先物取引，オプション取引，スワップ取引等がある．

このうち証券関連のデリバティブには多くの種類があり，国内株価指数には日経225先物，日経225mini，日経225オプション，TOPIX 先物，TOPIX オプション等が，海外株価指数には NY ダウ先物等が，配当指数には日経平均・配当指数先物等が，国債先物には国債先物，国債オプション等の種類がある（表8-1）．

（2）デリバティブの起源

デリバティブの起源は，古代ギリシャ時代にまでさがのぼるといわれている．古代ギリシャ時代に哲学者・天文学者であったターレスは，翌年のオリーブは豊作になりそうだと予想し，オリーブの圧搾機を借りる権利を手に入れた．予想が的中しオリーブは豊作となり，圧搾機の需要は増加したため，ターレスは圧搾機を借りる権利を高く売りつけ大もうけしたというエピソードがある．この時に用いられたのはオプションの考え方である．現在のような形に整備されたのは，1973年にアメリカのシカゴで始まった個別株式のオプションからである．

先物取引の起源は，江戸時代に大阪の堂島米会所で行われていた米を対象にした帳合米取引といわれている．しかし，この取引は江戸時代の終焉と共に消滅した．その後，1850年頃にアメリカのシカゴで穀物を対象に先物取引が行われたのを皮切りに，その他の農・工業産品を対象とする商品先物取引が始まった．1970年代に入ると，通貨を対象とする先物取引や債券を対象とする先物取引が開始され，1982年には株価指数を対象とした先物取引が開始された．

スワップ取引は，1970年代初頭に通貨スワップの原型となる取引が行われたのが最初である．その後，変動相場制への移行や米国の金融引き締めに伴うドル金利の高騰などにより，1980年代に金利スワップ取引が誕生した．

第8章 デリバティブ投資 *157*

表 8-1 日本取引所グループの先物・オプション商品一覧

種類	取引対象	商品
国内株価指数	日経平均株価（日経225）	日経225先物
		日経225mini
		日経225オプション｜Weeklyオプション
	東証株価指数（TOPIX）	TOPIX 先物
		ミニ TOPIX 先物
		TOPIX オプション
	JPX 日経インデックス400	JPX 日経インデックス400先物
		JPX 日経インデックス400オプション
	東証マザーズ指数	東証マザーズ指数先物
	TOPIX Core30	TOPIX Core30先物
	Russell/Nomura Prime インデックス	RN プライム指数先物
	東証銀行業株価指数	東証銀行業株価指数先物
		東証銀行業株価指数オプション
海外株価指数	ダウ・ジョーンズ工業株平均株価	NY ダウ先物
	台湾加権指数	台湾加権指数先物
	FTSE 中国50インデックス	FTSE 中国50先物
配当指数	日経平均・配当指数	日経平均・配当指数先物
	TOPIX 配当指数	TOPIX 配当指数先物
	TOPIX Core30配当指数	TOPIX Core30配当指数先物
ボラティリティー・インデックス	日経平均ボラティリティー・インデックス	日経平均 VI 先物
REIT 指数	東証 REIT 指数	東証 REIT 指数先物
		東証 REIT 指数オプション
国債証券	中期国債標準物（3％，5年）	中期国債先物
	長期国債標準物（6％，10年）	長期国債先物
		長期国債先物オプション
	長期国債標準物の価格	ミニ長期国債先物
	超長期国債標準物（3％，20年）	超長期国債先物
個別の有価証券	個別の有価証券	有価証券オプション

（出所）日本取引所グループ HP（https://www.jpx.co.jp/derivatives/products/list/index.html，2019年4月20日閲覧）．

2　金融先物取引

(1) 先物取引

　先物取引とは，ある特定の商品（原資産）を，将来の予め決められた期日に，現時点で取り決めた価格で売買することを約束する取引である．取引に際して，取引の買い手，売り手双方とも一定の金額を証拠金として差し入れる必要がある．これは，証拠金に対してより大きな資金運用が可能となるレバレッジ効果がある一方，契約金額から買い手は値下がり（売り手は値上がり）した場合，レバレッジ効果により，損失もより大きくなるためである（図8-1）．

　先物取引に似た取引として先渡取引（forward）がある．先物取引も先渡取引も，将来のある期日で原資産を売買する取引である点は同じである．しかし，先物取引は取引所で取引され，第三者への移転は可能である代わりに証拠金を預託する必要がある取引であるのに対し，先渡取引は当事者間の取引で，第三者への移転はできないが証拠金の預託は必ずしも必要でない取引であるという点が異なっている．

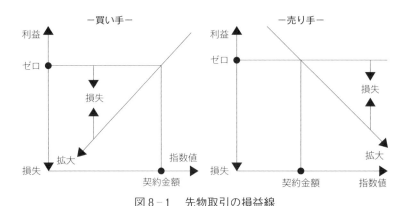

図8-1　先物取引の損益線

(出所) 日本取引所グループHP (https://www.jpx.co.jp/derivatives/rules/margin/outline/index.html, 2019年4月20日閲覧).

第8章 デリバティブ投資 *159*

　また先物取引は，証拠金取引制度や値洗い制度などの点で信用取引とも似ている．しかし，先物取引では買い方，売り方どちらにも，信用取引のような貸借関係は存在しないという点で異なる．加えて，先物取引は現物市場とは別の市場で取引が行われ，現物市場とは別に価格が成立している点が，現物市場と同様に同じ価格で取引が行われる信用取引とは異なる．

　日本の金融先物取引は，1985年の長期国債先物取引(東京証券取引所，以下東証)が最初で，1987年には株先50 (大阪証券取引所，以下大証)，1988年には日経225先物取引 (大証)，TOPIX 先物取引 (東証)，1989年には円短期金利先物 (東京金融先物取引所) などの取引が相次いで開始された．なお，2014年3月の大証と東証の市場統合により，東証のデリバティブは大証に移管され，大証の名称は大阪取引所へ変更された．

（2）株価指数先物取引

　日本の株価指数先物取引には，数多くの種類の商品が取引されているが，取引の多くは，日経225先物，日経225mini，TOPIX 先物である．このうち，日経225先物と日経225mini は日経平均株価を対象にした先物取引で，TOPIX 先物は TOPIX (東証株価指数) を対象にした先物取引である．日経225先物等の指数先物の立会時間 (取引時間) は，8時45分から15時15分の日中時間帯に加え，夜間取引 (ナイト・セッション) として16時半から翌5時半まで取引が行われている (表8-2).

　先物取引は取引条件が定型化され，組織化された取引所で不特定多数の投資家により競争売買が行われるため，取引の流動性が確保されると同時に，公正な価格で取引が行われる．また取引参加者は，一定割合の証拠金を預託することにより取引に参加することができるため，所有資産以上の取引が可能である．

　先物取引は現物取引と異なり，取引できる期間が決まっているので，決められた期限までに反対売買をする必要がある．この満期月のことを限月 (げんげつ) という．日経225先物や TOPIX 先物は,「3月，6月，9月，12月」に限

表 8 - 2　株価指数先物取引の取引要綱

	日経225mini 先物	日経225先物	TOPIX 先物
取引対象	日経平均株価	日経平均株価	東証株価指数（TOPIX）
取引限月	6・12月限：直近の10限月 3・9月限：直近の3限月 他の限月：直近の3限月	6・12月限：直近の10限月 3・9月限：直近の3限月	3・6・9・12月の5限月
取引単位	日経平均株価×100	日経平均株価×1,000	TOPIX×10,000円
呼び値	日経平均株価で5円	日経平均株価で10円	TOPIX で0.5ポイント
満期日	3・6・9・12月の 第2金曜日	3・6・9・12月の 第2金曜日	3・6・9・12月の 第2金曜日
取引最終日	満期日の1営業日前	満期日の1営業日前	満期日の1営業日前
取引時間	8：45-15：15 16：30-翌日5：30	8：45-15：15 16：30-翌日5：30	8：45-15：15 16：30-翌日5：30
値幅制限	一次値幅：基準値段±8％ 二次値幅：基準値段±12％ 最大値幅：基準値段±16％	一次位幅：基準値段±8％ 二次値幅：基準値段±12％ 最大値幅：基準値段±16％	一次値幅：基準値段±8％ 二次値幅：基準値段±12％ 最大値幅：基準値段±16％
一時中断 措置	先物取引の中心限月取引において，制限値幅上限（下限）で約定又は買（売）気配提示され，1分の間に制限値幅上限（下限）から制限値幅の10％を超えて下落（上昇）して取引が成立しない場合，10分間取引を中断		

（出所）日本証券経済研究所編『図説 日本の証券市場 2018』日本証券経済研究所，p. 127.

月が設定されており，日経225mini は毎月限月が設定されている．通常は異なる限月の先物取引が複数，同時に上場されている．直近の限月の先物取引が満期になれば，その限月は上場廃止になり，それに代わって新たな限月の先物取引が上場される．なお満期日に決済に用いられる特別清算指数を SQ（Special Quotation）といい，満期日のことを SQ 日という．日経225先物等は，各限月の第2金曜日（SQ日）の前日までしか取引できず，仮に取引最終日までに反対売買をして決済しなかった場合は，SQ 日に強制決済される．

　取引単位は，日経225先物は日経平均株価に1,000を乗じた額，日経225mni は日経225先物1単位の10分の1である日経平均株価に100を乗じた額，TOPIX 先物は TOPIX に10,000を乗じた額を各々1単位としている．値動きの刻みである呼び値は日経225先物は10円，日経225mini は5円，TOPIX 先物は0.5ポ

イントとなっている.

　また相場が急に大きく変動した際には，値幅制限が実施される．これは市場参加者が，マーケットに大きな影響を及ぼした情報があれば，それを冷静に評価して判断する冷却期間として設けられている．日経225先物等には，3段階の値幅制限のほか，サーキット・ブレーカーと呼ばれる一時中断措置が設けられている（表8-2）.

（3）債券先物取引

　債券先物取引は，債券（主に長期国債等の国債）を対象にした先物取引である．ただし，実際に発行されている国債を対象にしているのではなく，国債の「標準物」と呼ばれる架空の債券を取引対象にしている．標準物とは，取引所が利率（クーポンレート），償還期限などを標準化し，設定したものである．取引額が最大である長期国債先物の取引対象である標準物は，額面100円，利率6％及び償還期限10年となっている（表8-3）.

　株価指数先物取引同様，売買単位や受渡期日などの取引条件が決まっており，一定の証拠金を差し入れるだけで売買でき，期日前に決済することが可能である．決済は通常，反対売買をして差額を授受する方法（差金決済）である.

3　オプション取引

（1）オプション取引

　オプション取引とは，ある特定の商品（原資産）を，あらかじめ決めた期日までに，あらかじめ決めた価格（権利行使価格）で，「買う権利」または「売り権利」を売買する取引である.

　オプション取引には，買い付ける権利であるコール・オプションと，売り付ける権利であるプット・オプションがあり，それぞれ買いと売りの取引がある（図8-2，図8-3）．オプションを行使する約定価格を権利行使価格（ストライク・

表 8 - 3　債券先物の取引要綱

	中期国債先物	長期国債先物	超長期国債先物
取引対象	中期国債標準物 （クーポン３％，残存５年）	長期国債標準物 （クーポン６％，残存10年）	超長期国債標準物 （クーポン３％，残存20年）
受渡対象	残存期間４年以上５年３カ月未満の５年利付国債	残存期間７年以上11年未満の10年利付国債	残存期間19年３カ月以上20年未満の20年利付国債
取引限月	３・６・９・12月から３限月	３・６・９・12月から３限月	３・６・９・12月から３限月
受渡期日	３・９・12の20日	３・６・９・12月の20日	３・６・９・12月の20日
取引最終日	受渡期日の７営業日前	受渡期日の７営業日前	受渡期日の７営業日前
取引時間	８：45-11：02 12：30-15：02 15：30-翌日５：30	８：45-11：02 12：30-15：02 15：30-翌日５：30	８：45-11：02 12：30-15：02 15：30-翌日５：30
取引単位	額面１億円	額面１億円	額面１億円
呼び値	額面100円当り１銭	額面100円当り１銭	額面100円当り１銭
値幅制限	通常値幅： 基準値段±2.00円 最大値幅： 基準値段±3.00円	通常値幅： 基準値段±2.00円 最大値幅： 基準値段±3.00円	通常値幅： 基準値段±4.00円 最大値幅： 基準値段±6.00円
一時中断措置	先物取引の中心限月取引において，制限値幅の上限（下限）値段に買（売）呼値が提示され（約定を含む），その後，１分間に当該値段から即時約定可能値幅（中期国債先物・長期国債先物では直近約定値段を中心に上下10銭，超長期国債先物では直近約定値段を中心に上下30銭）の範囲外の値段で取引が成立しない場合，10分間取引を中断		

（出所）日本証券経済研究所編『図説 日本の証券市場 2018年版』日本証券経済研究所，p. 125.

プライス）という．オプション購入の対価として支払われるオプション料をプレミアムといい，取引が成立すると買い手は売り手にプレミアムを支払う．決済は反対売買による方法が一般的であるが，買い手は権利行使によっても決済できるという特色がある．

　コール・オプションの買い方は，原資産の価格が権利行使価格を上回れば権利を行使して利益を得ることができるが，権利行使価格以下なら放棄することができる（プット・オプションの買い手はその逆）．つまり，権利を行使する義務はなく，損失はプレミアムに限定される．一方，オプションの売り手は，買い手が権利行使を行わなければプレミアムはそのまま利益となるが，買い手が権利

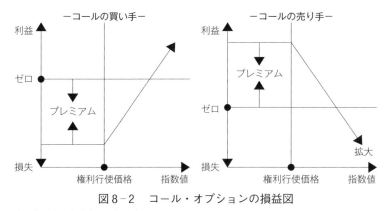

図8-2 コール・オプションの損益図

(出所) 日本取引所グループHP (https : //www.jpx.co.jp/derivatives/rules/margin/outline/index.html, 2019年4月20日閲覧).

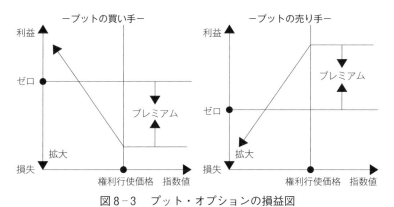

図8-3 プット・オプションの損益図

(出所) 日本取引所グループHP (https : //www.jpx.co.jp/derivatives/rules/margin/outline/index.html, 2019年4月20日閲覧).

を行使した場合にはこれに応じる義務があり，損失は無限大となる(表8-4).

　オプションの権利を行使できる最終日を満期日といい，満期日にのみ権利行使できるものをヨーロピアン・タイプ，満期日までの間，いつでも権利行使できるものをアメリカン・タイプという.

表 8-4　オプションの売り手と買い手の関係

	売　　手	買　　手
取　引　関　係	権利の付与	権利の取得
プ レ ミ ア ム 代 金	受 け 取 り	支 払 い
権 利 と 義 務	義　　務	権　　利
権利行使のタイミング	―	任　　意
利　　　　　　益	プレミアム代金に限定	無　　限 （プレミアム分を控除）
損　　　　　　失	無　　限 （プレミアム分を控除）	プレミアム代金に限定
権利行使による損益	日経平均株価と権利行使価格 の差額が損失	日経平均株価と権利行使価格 の差額が利益
権利消滅による損益	プレミアム代金分の利益	プレミアム代金分の損失
委 託 証 拠 金	必　　要	不　　要

(注) 損益は取引コストを考慮していない.
(出所) 山一證券株式先物オプション部編『初心者のための株式オプション戦略』日本経済新聞
　　　 社. 1991年, p. 19.

（2）オプション・プレミアム

　オプション・プレミアムは，本質的価値（Intrinsic Value）と時間的価値（Time Value）からなっている．本質的価値は，原資産価格と権利行使価格との差によって計算される．つまり本質的価値は，現時点で権利行使するといくらの価値があるかという含み益を指す（図 8-4）．

　例えば，20XX 年 4 月19日の日経平均株価が22200円だったとする．これを原資産価格とする満期日が翌月（5 月）である日経平均オプションの権利行使価格22000円のコール・オプションのプレミアムが380円とする．この場合，本質的価値は権利行使価格と日経平均株価の差の200円となる．プレミアムと本質的価値の差額180円は時間的価値と呼ばれる部分である．

　権利行使価格と原資産価格が同一の場合をアット・ザ・マネー（ATM：At the Money），権利行使をすると利益が発生する場合をイン・ザ・マネー（ITM：In the Money），権利行使すると損失が発生する場合をアウト・オブ・ザ・マ

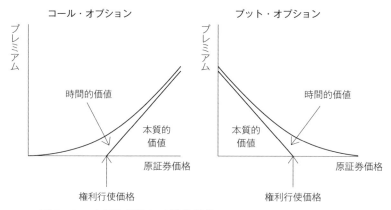

図8-4 本質的価値と時間的価値（コール・プットのプレミアム）

（出所）ユーキャン証券外務員試験研究会編『ユーキャンの証券外務員一種 速習レッスン』自由国民社, 2018年, p.378（一部修正）.

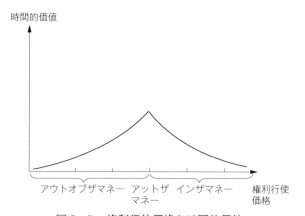

図8-5 権利行使価格と時間的価値

（出所）山一證券株式先物オプション部編『初心者のための株式オプション戦略』日本経済新聞社, 1991年, p.69.

ネー（OTM：Out of the Money）と呼ばれる．権利行使価格と時間的価値の関係をみると，時間的価値はATMの時に最大となり，ATMから離れていくに従い小さくなる（図8-5）．

　時間的価値は満期までの期間，原資産価格の変動度合い（ボラティリティ），

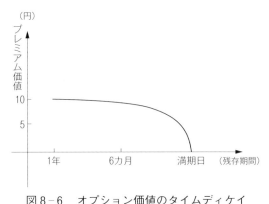

図8-6　オプション価値のタイムディケイ

(出所) 有馬秀次『実戦オプション取引入門』日本経済新聞社,
1990年, p.53.

金利（短期金利），配当収入などによって決まる．オプションの満期までの期間が長ければ長いほど，原資産価格が変動する確率が高くなることから時間的価値は大きくなる．例えば，先の例では，満期日が翌々月（6月）である日経平均オプションの権利行使価格22000円のコール・オプションのプレミアムは610円の場合，時間的価値は410円となる．

　満期までの期間が短くなると，それにつれて原資産価格のボラティリティも小さくなる．そのため時間的価値も減少し，プレミアムも下落することになる．このように，時間の経過につれプレミアムの時間的価値が減少することをタイムディケイと呼ばれる（図8-6）．

　ボラティリティには，ヒストリカル・ボラティリティ（historical volatility）とインプライド・ボラティリティ（implied volatility）の2種類がある．ヒストリカル・ボラティリティは，「過去の株価データをもとにして株価がどの程度変動したかを数値化したもの[1]」である．これに対してインプライド・ボラティリティは，ブラック・ショールズ式という理論式を用いて算出される．ブラック・ショールズ式は，原資産価格，権利行使価格，満期までの期間，ボラティリティ，短期金利からオプション・プレミアムを算出するものである．このうち，原資

産価格，権利行使価格，満期までの期間，短期金利は既に分かっており，さらにはオプション・プレミアムは市場で取引されていることから，これらを同式に代入すれば，ボラティリティは逆算して求められる．これがインプライド・ボラティリティである．このインプライド・ボラティリティは，マーケット参加者が先行きの株価変動度合いをどのようにみているかを示した指標である[2]．

（3）オプション取引の種類

　大阪取引所に上場しているオプション取引には，日経225オプション取引等の株価指数オプション取引，国債先物オプション取引，有価証券オプション取引がある（表8-5）．株価指数オプションと有価証券オプションはヨーロピア

表8-5　株価指数オプション取引の取引要綱

	日経225オプション	TOPIX オプション
取引対象	日経平均株価を対象としたコール・オプションとプット・オプション	TOPIXを対象としたコール・オプションとプット・オプション
取引限月	6・12月は10限月，3・9月は3限月，他の月は6限月，直近の連続4週の4限月	3・6・9・12月から直近5限月とその他から直近3限月
取引単位	日経平均株価×1,000	TOPIX×10,000円
呼び値	50円以下1円 50円以上1,000円以下5円 1,000円超10円	値段が20ポイント以下は0.1ポイント，20ポイントを超えると0.5ポイント
満期日	限月の第2金曜日	限月の第2金曜日
取引最終日	満期日の1営業日前	満期日の1営業日前
取引時間	9：00-15：15 16：30-翌日5：30	9：00-15：15 16：30-翌日5：30
権利行使価格	当初は250円刻みで16本，残存機関が3カ月に満たない3限月は125円刻みで16本	4カ月超の限月：50ポイント刻みで上下6本（4カ月となれば4カ月以下と同じ），4カ月以下の限月：25ポイント刻みで上下9本
権利行使方法	ヨーロピアン・オプション	ヨーロピアン・オプション
値幅制限	通常時：基準値段に応じて4・6・8・11% 一次値幅：通常時＋3% 二次値幅：一次値幅＋3%	通常時：基準値段に応じて4・6・8・11% 一次値幅：通常時＋3% 二次値幅：一次値幅＋3%
一時中断措置	日経225先物取引のサーキット・ブレーカー発動に伴う連動中断あり	TOPIX先物取引のサーキット・ブレーカー発動に伴う連動中断あり

（出所）日本証券経済研究所編『図説 日本の証券市場 2018年版』日本証券経済研究所，p.135.

ン・タイプで,国債先物オプションはアメリカン・タイプのオプションである.

株価指数オプション取引は,立会時間は日中立会が9時から15時15分,ナイトセッションが16時半から翌5時半となっている.先物取引同様,値幅制限やサーキット・ブレーカー制度が設けられている.

国債先物オプション取引は,長期国債先物取引を取引対象としたもので,取引要綱は長期国債先物取引に類似している.

有価証券オプション取引は,国内上場有価証券(個別株)を対象としたものであり,株価指数オプション取引の取引要綱と基本的に同じである.株価指数オプション取引と異なり,原資産である証券が受け渡しの対象になっており,また最終清算価格が原資産の終値で決定される.

その他,取引所に上場している長期国債先物オプション取引以外に,店頭で取引されている債券店頭オプション取引がある.債券店頭オプション取引は標準物を用いる債券先物取引と異なって国債・社債・外国債などの個々の債券が対象として取引されており,しかも上場オプションとは違って店頭で取引されているため,その契約は第三者に転売することができないことが特徴になっている(取引の大半は国債)[3].

4 スワップ取引

スワップとは「交換」という意味で,将来のキャッシュ・フローを,決められた期間に決められた回数だけ等価交換する取引をいう.取引は相対取引で行われるため,双方のニーズに応じて柔軟に対応できる反面,契約相手方が倒産しスワップ契約が履行されなくなるという危険性も兼ね備えている.

スワップ取引の種類には,金利スワップや通貨スワップなどがある.スワップ取引は海外の主要な取引所で上場されている例があるが,大半は企業と金融機関との間,或いは金融機関と金融機関との間での店頭取引である.

① 銀行借入

② 金利スワップ

図8-7　金利スワップの取引例

(出所)　三宅輝幸『デリバティブ [金融派生商品] 入門』日本実業出版社, 1995年, p.25.

(1) 金利スワップ

　金利スワップは, 同一通貨間の異なる種類の金利（固定金利と変動金利など）を交換する取引で, 通常, 元本の交換は行われない. 金利変動に伴う費用の増加などを回避したい銀行や企業が利用している. 取引事例としては, 短期金利を基準にした変動金利で借り入れをしている企業が, 金利上昇に備えて, 短期借入はそのまま継続する一方, 固定金利の支払いと変動金利の受取という「金利の交換」を今後数年間行うというものがある[4]（図8-7）

(2) 通貨スワップ

　通貨スワップは, 円とドルなど異種通貨間の異なる金利を交換する取引で, 通常は, 取引の開始時や終了時に元本の交換も行われる. 通貨スワップの金利交換は, 固定と固定, 変動と変動, 固定と変動という組み合わせがある. 取引事例としては, ドル建ての債券を発行する日本企業が, ドル建て債券の元利払いに合わせて銀行と通貨スワップを締結し, 債券発行時に発行代金（ドル資金）を銀行に渡してドルと円と交換し, 債券償還時に発行時と同一レートで銀行と円とドルを交換し債券を償還することで, 実質的に円債券を発行したのと同じ

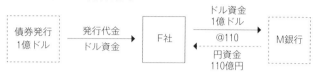

① 元本の動き —— 債券発行時

② 元本の動き —— 債券償還時

③ 金利の動き

図8-8　通貨スワップの取引例（ドル建外債発行への利用）

(出所) 三宅輝幸『デリバティブ［金融派生商品］入門』日本実業出版社，1995年，p.29．

効果を享受するというものがある[5]（図8-8）．さらに，企業の信用力に応じて有利な金利になることもある．

5　デリバティブを活用した投資戦略

（1）先物取引の投資戦略

　先物取引の投資戦略として，ヘッジ取引，投機取引，裁定取引，スプレッド取引などがある．

　ヘッジ取引とは，リスクを回避（リスク・ヘッジ）するための取引であり，取

引を行う投資家をヘッジャーという．例えば株式を保有している場合，株価が値下がりするとその分だけ損失が発生するが，先物取引で売りを行うことにより，株価が値下がりした時に先物取引の利益で株式の値下がり損失をある程度，回避することが可能となる．これを売りヘッジという．反対に，将来購入予定の株式について値上がりを予想する場合，あらかじめ先物取引で買いを行い，予想通り株価が値上がりした時に，先物取引を売却して利益を得て，この利益を株式購入資金に加えることで，その期間中の株価の上昇分をカバーすることが可能である．これを買いヘッジという．

　投機取引（スペキュレーション取引）とは，リスク覚悟で将来の価格変動による利益を獲得することのみに着目する取引である．投機取引を行う投資家（投機家）をスペキュレーターという．デリバティブを利用すれば，少ない元手で大きなポジションを作ることが可能であるため，大きなリターンが期待できるというレバレッジ効果（梃子の効果）がある．投機取引のタイプとして順張りと逆バリがある．順張りとは，相場が上昇している時にそのまま上昇を予想して先物を買ったり，相場が下落している時にそのまま下落を予想して先物を売ったりする取引である．逆張りとは，相場の上昇が続いた時に今後は下落すると予想して先物を売ったり，相場が下落が続いた時に今後は上昇すると予想して先物を買ったりする取引である．

　裁定取引（アービトラージ取引）とは，先物と現物の価格差を利用して，割安な市場で買い，割高な市場で売ることで，無リスクで利益を獲得する取引のことである．裁定取引を行う投資家をアービトラージャーという．裁定取引には，買い裁定と売り裁定がある．買い裁定は，先物価格が先物理論価格より割高な時に，先物を売り，現物を買う取引である．売り裁定は，先物価格が割高な時に，先物を買い，現物を売る取引である．裁定取引は，価格差が解消した時点で反対売買を行い，利益を獲得する．裁定取引の残高は日々公表されており，その残高は株式市場の先行きの予想等にも利用されることがある．なお先物価格の理論価格は次のような計算式で求められる．

先物理論価格＝

$$現物価格 \times \left\{ 1 + （短期金利 - 配当利回り） \times \frac{満期日までの日数}{365} \right\}$$

スプレッド取引とは，2つの先物の価格差を(スプレッド)を利用した取引で，裁定取引の一種である．スプレッド取引には，限月間スフレッド取引 (カレンダー・スプレッド取引) と，市場間スプレッド取引 (インターマーケット・スプレッド取引) がある．限月間スプレッド取引は，同じ商品の先物の異なる限月間の価格差の変動に注目して行う取引で，期先限月を買い期近限月を売る「スプレッドの買い」と，期先限月を売り期近限月を買う「スプレッドの売り」がある．市場間スプレッド取引は，異なる市場間の価格差を利用して，割高な方を売ると同時に割安な方を買い，その価格差を利益とする取引である．大阪取引所とシンガポール取引所に各々上場されている日経225先物取引の価格差や，大阪取引所に上場されている日経225先物取引と TOPIX 先物取引の価格差が利用される．

（2）オプション取引の投資戦略

オプション取引には，先に説明した基本的な取引 (アウトライト取引) と呼ばれるコール・オプション，プット・オプションそれぞれの買いと売りの4つの取引以外に，オプション同士を組み合わせた取引として，ストラドル，ストラングル，バーティカル・スプレッド，バタフライ・スプレッド等がある．

コールとプットの買い，売りを組み合わせたものとして，ストラドル(straddle)とストラングル (strangle) がある．ストラドルは，権利行使価格，限月ともに同じコールとプットを組み合わせたものである．ストラドルの買い (ロング・ストラドル) は，コールの買いとプットの買いを組み合わせたもので，市場価格が上がるか下がるかの方向は予想がつかないが，先行き大きく動きそうだと予想する時に利用する戦略である．コール，プット共にプレミアムを支払う必

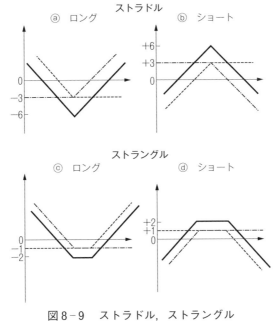

図8-9 ストラドル，ストラングル

(出所) 有馬秀次『実戦オプション取引入門』日本経済新聞社，1990年，p.117．

要があり，この支払額が最大の損失となる．ストラドルの売り（ショート・ストラドル）は，コールの売りとプットの売りを組み合わせたもので，市場価格が上下にほとんど変動しない膠着状態になると予想する時に利用する戦略である．コール，プット共にプレミアムを受け取れるが，予想が外れ相場が上下いずれかに大きく変動すると，損失は無限大になるリスクがある（図8-9）．

ストラングルは，同じ限月の権利行使価格が異なるコールとプット（コールの権利行使価格＞プットの権利行使価格）を組み合わせたもので，ストラドルに比べてリスクやリターンが小さいものである．ストラングルの買い（ロング・ストラングル）は，コールの買いとプットの買いを組み合わせたもので，市場価格が大きく変動すると予想する時に利用する戦略である．ストラドルの買い同様，コール，プット共にプレミアムを支払う必要があり，この支払額が最大の損失

となる．ストラングルの売り（ショート・ストラングル）は，コールの売りとプットの売りを組み合わせたもので，市場価格が上下にあまり変動しないと予想する時に利用する戦略である．ストラドルの売り同様，コール，プット共にプレミアムを受け取れるが，ストラドルの売りよりも少ない．一方でストラドルの売りよりも相場がより大きく変動しない限り損失が発生するリスクも小さい．

　同じ限月の権利行使価格の異なるコールの買いと売り，プットの買いと売りを組み合わせて，利益や損失を限定させる取引をバーティカル・スプレッド（vertical spread）と呼ぶ．バーティカル・スプレッドには大きくブル型とベア型の2種類がある．バーティカル・ブル・スプレッドは，市場価格がやや上昇（強気・ブル）すると予想する場合にとる戦略である．これには，権利行使価格の低いコールの買いと権利行使価格の高いコールの売りを組み合わせたバーティカル・ブル・コール・スプレッドと，権利行使価格の低いプットの買いと権利行使価格の高いプットの売りを組み合わせたものバーティカル・ブル・プット・スプレッドと呼ばれるものがある．バーティカル・ベア・スプレッドは，市場価格がやや下落（弱気・ベア）すると予想する場合にとる戦略である．これには，権利行使価格の高いコールの買いと権利行使価格の低いコールの売りを組み合わせたバーティカル・ベア・コール・スプレッドと，権利行使価格の高いプットの買いと権利行使価格の低いプットの売りを組み合わせたバーティカル・ベア・プット・スプレッドと呼ばれるものがある（図8-10）．

　バタフライ・スプレッドは，権利行使価格の異なるオプションの売買を組み合わせた取引で，ストラドルよりも損失を限定したものである．バタフライ・スプレッドには，ロング・バタフライとショート・バタフライがある．ロング・バタフライは，権利行使価格の低いコールと高いコールを1単位ずつ買い，両者の権利行使価格の中間のコールを2単位売る取引である（コールに変えプットでも可能）．ショート・ストラドル同様，市場価格が上下にほとんど変動しない膠着状態になると予想する時に利用する戦略である．ショート・ストラドルよりも最大利益は小さくなるが，損失は限定される．ショート・バタフライは，

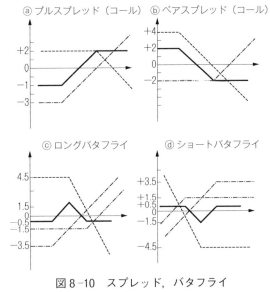

図8-10　スプレッド，バタフライ

（出所）有馬秀次『実戦オプション取引入門』日本経済新聞社，1990年，p.120．

権利行使価格の低いコールと高いコールを1単位ずつ売り，両者の権利行使価格の中間のコールを2単位買う取引である（コールに変えプットでも可能）．ロング・ストラドル同様，市場価格が大きく変動すると予想する時に利用する戦略である．ロング・ストラドルよりも最大損失は小さくなるが，市場価格が大きく変動した時に得られる利益は限定される（図8-10）．

注
1）可児滋・雪上俊明『デリバティブがわかる』日本経済新聞社，2012年，p.95．
2）同上，p.96．
3）日本証券経済研究所編『図説日本の証券市場2018年版』日本証券経済研究所，2018年，p.132．
4）三宅輝幸『デリバティブ［金融派生商品］入門』日本実業出版社，1995年，pp.25-26参照．

5）　同上，p.28参照.

参考文献

浅賀卓爾『図解雑学 デリバティブ』ナツメ社，2010年.

有馬秀次『実戦オプション取引入門』日本経済新聞社，1990年.

可児滋・雪上俊明『デリバティブがわかる』日本経済新聞社，2012年.

榊原茂樹・城下健吾・姜喜永ほか『入門 証券論〔第3版〕』有斐閣，2013年.

坂下晃・外島健嗣・田村香月子『証券市場の基礎知識』晃洋書房，2010年.

日本証券経済研究所編『図説 日本の証券市場 2018年版』日本証券経済研究所，2018年.

福崎達哉『デリバティブの基本とカラクリがよ～くわかる本』秀和システム，2006年.

三宅輝幸『デリバティブ［金融派生商品］入門』日本実業出版社，1995年.

山一證券株式先物オプション部編『初心者のための株式オプション戦略』日本経済新聞社，
　　1991年.

ユーキャン証券外務員試験研究会編『ユーキャンの証券外務員一種——速習レッスン』自
　　由国民社，2018年.

第9章 オルタナティブ投資

―― 本章のポイント ――

オルタナティブ投資とは，伝統的な投資対象である株式や債券に代替するものであり，資産としてプライベート・エクイティや不動産などがあり，投資手法としてヘッジファンドなどがある．

まず，オルタナティブ投資とはどういうものかについて見てみる．オルタナティブ投資の特徴の第一は，伝統的資産と組み合わせて分散投資効果があることである．このことから，近年，年金基金等の機関投資家のポートフォリオの投資対象として，株式や債券などの主流の投資対象に加える分散投資対象商品として注目されている．

次に，オルタナティブ投資の代表的なものとして，ヘッジファンド，プライベート・エクイティ（ベンチャーファンドなど），不動産（J-REITを中心に），コモディティファンドについて見てみる．

1　オルタナティブ投資とは

オルタナティブ投資（Alternative Investments）とは，国内外の株式や債券といった伝統的資産（Traditional Investments）に対する代替的な投資対象という意味合いを持つものと定義されている．ただし，何がオルタナティブ投資に入るのか確立された定義はなく，時代，国，投資家によって認識が異なる．

オルタナティブ投資は，一般に，次の2種類に大別される（表9-1参照）．

① 投資対象自体が伝統的資産以外のものである．これには，プライベート・エクイティ（未公開株）と不動産のような実物資産などがある．
② 伝統的資産を中心に投資を行うが，投資方法が特殊なものである．この代表的なものにはヘッジファンドがある．

この分類において，不動産については，国や投資家によってオルタナティブ投資に分類する場合もあるが，アメリカの年金基金等の機関投資家の中には，長年伝統的資産に準ずるものとして投資されてきたことから，オルタナティブ投資に分類しない場合がある．

また，新興国の株式や債券についても，先進国の株式や債券に比べて投資リスクが高いことから，従来はオルタナティブ投資に分類されていた．近年は，新興国の経済発展に伴い，新興国の株式への投資は高い成長性が期待できるうえ，安全性の面でも先進国に準ずる国もあり，新興国の株式や債券に投資する投資家が増えている．このため，新興国の株式や債券は，一律にオルタナティブ投資とはいえず，伝統的資産に含めて取り扱うことも多くなっている．

オルタナティブ投資の大方の共通した特徴として，① 相対的に流動性が低いこと，② 伝統的資産との相関性が低く分散投資効果があること，③ 複雑な投資戦略などによりパフォーマンス評価が難しいこと，などがあげられる．

オルタナティブ投資は，21世紀に入ってからアメリカの年金基金の間で広が

表 9-1　オルタナティブ投資の種類

投資対象資産の代替	プライベート・エクイティ投資　ベンチャーファンド　など
	新興市場（エマージングマーケット）投資
	不動産投資　REIT　など
	コモディティファンド
	インフラファンド　など
投資戦略の代替	ヘッジファンド　など

り始め，近年活発化している．その理由は，伝統的資産のポートフォリオに，オルタナティブ投資を加えることによって，分散投資効果の一層の発揮を狙うことができるからである．

2　ヘッジファンド

（1）ヘッジファンドとは

IOSCO（証券監督者国際機構）が世界18カ国の規制当局からの回答を集計して，2006年に発表したレポートにおいて，「ヘッジファンドについて正式の法的定義をしている当局は一つもない」と記載されていた．現在も，ヘッジファンドについて，明確な法的定義は存在しない．また，同レポートは「2003年の IOSCO 専門委員会レポートは，次のうち少なくとも幾つかの特性をそなえているものをヘッジファンドと説明していた」と記載していた．

① 集団投資スキームについて一般的に適用されている「借入れ及びレバレッジ規制」が適用されない．そして一般的にヘッジファンドは高いレバレッジを用いる．

② 運用者に対し，年間報酬に加えて高い実績報酬（多くは利益に対する一定率）が支払われる．

③ 投資家は通常定期的（月１回，四半期毎，半年毎など）に持分の解約が許される．

④ 運用者がかなりの自己資金を投資する場合が多い．

⑤ デリバティブが（しばしば投機目的で）用いられ，証券の空売りが可能である．

⑥ 種々の大きなリスクを伴うか，または複雑な原資産（underlying products）が組み込まれている．

ヘッジファンドは，こういった特性をもっているファンドであるが，一言で

いえば,「伝統的な株式や債券の運用とは異なる投資戦略が採用されているファンド」である．ヘッジファンドは，もともと富裕層向けの投資対象として開発されたものであるので，通常一般投資家を勧誘対象としない私募形態のファンドであるが，近年公募形態のファンドにおいてヘッジファンドの投資戦略を採用する動きがあるなど，ヘッジファンドは必ずしも私募に限られなくなっている．

ヘッジファンドという言葉は，ヘッジファンドの第1号となった，1949年にアメリカのアルフレッド・ジョーンズによって設定されたファンドに由来している．そのファンドの投資戦略は株式ロングショート戦略といわれ，株式のロングポジション（買い持ち）とショートポジション（空売り）を組み合わせることによって，マーケット・リスクを相当程度ヘッジするものであった．ここから，ヘッジファンドという言葉が生まれたのである．株式の下落局面では，ロングポジションから損失が生じるが，株券を借り入れて市場で売却しているショートポジションを買い戻すことによって利益が生じて，両者が相殺される．

ロングショート戦略では，市場の値動きの予想を踏まえて，上昇しそうだと予想すればロングポジションを多くし，下落しそうだと予測すればショートポジションを多くするというように，ロングとショートのポジションの量は同じではないので，マーケット・リスクが完全に相殺されるわけではないが，相当程度は相殺されることから，"ヘッジ"ファンドと呼ばれたわけである．

現在まで様々な投資戦略が開発されているので，ヘッジファンドの名称にふさわしくない投資戦略のもの，つまりリスクをとってリターンを追求するものも多いが，総称してヘッジファンドの名称が使われてきている．

（2）ヘッジファンドの特徴

ヘッジファンドの主な特徴は，次のとおりである．

① 投資戦略の自由度が高いこと

ヘッジファンドは，投資信託などと比較して規制が緩やかであるので，デリ

バティブの利用等によるショートポジションの構築やレバレッジの活用を弾力的に行うことができる.

また，投資戦略を実行してパフォーマンスの向上を図るため，資金を一定期間自由に投資できるようにする必要性があり，顧客資金について最低投資期間の設定や解約期間の制約を設けている.

② 投資戦略が絶対収益追求型であること

一般にヘッジファンドは，株式・債券等の市場環境によらず一定水準以上の収益獲得を目指す．つまり，市場が下落している局面でも空売り等の活用により収益の獲得を目指す．相対収益よりも絶対収益を追求するわけである．たとえば，アクティブ運用型の投資信託の場合では，ベンチマークとする株価指数を上回るリターンをめざすので，株価指数が下がれば，通常ファンドのリターンも下がり，マイナスとなる場合もある．一方，絶対収益を追求するヘッジファンドでは，こうした市場状態においてもプラスの収益の獲得を目指すのである.

③ 報酬体系が運用実績連動型であること

ヘッジファンドの投資判断を行う投資マネージャーの報酬体系は，通常ファンド資産残高の1～2％程度の固定報酬に加え，ファンドの純利益の10～20％程度の運用実績連動型の報酬（成功報酬）を受け取る仕組みになっている.

ヘッジファンドの成功報酬については，ハイウォーターマーク方式が採用される場合が多い．これは，一旦成功報酬を支払った累積リターンの水準に基準が設定し直されて，以降はこの水準を越えないと成功報酬が発生しないというものである．たとえば，ファンドの累積リターンが100億円から130億円に上昇した場合に，30億円の20％の6億円の成功報酬が運用者に支払われ，以降はハイウォーターマークが130億円に設定されるため，これを超えないと成功報酬が発生しない．たとえば，これを超えて150億円になった場合には，130億円を超える20億円の20％の4億円が成功報酬となるのである.

(3) ヘッジファンドの運営の仕組み

ヘッジファンドの運営の仕組みは図9-1のとおりである.

投資マネージャーは,運用の指図,運用状況のモニタリング,投資リスク管理など,運用に関するマネジメントを行う.投資マネージャーは,大手の金融機関やその系列の投資顧問業者,独立の投資顧問業者などである.

プライムブローカーとは,ヘッジファンドの資産運用のサポートを行うもので,証券会社や投資銀行が担っている.プライムブローカーは,ヘッジファンドのために証券の売買の発注や約定を行ったり,またレバレッジを効かすための空売り証券の調達や融資を行ったりする.

アドミニストレータは,投資家からの入出金やファンドの純資産価値の計算などの管理事務を行う.カストディアンは,資産の保全や保管を行う.

ヘッジファンドのビークル(器)としては,リミテッドパートナーシップ(LPS,有限責任組合)のほか,投資法人,信託など多様な法形式が採用されている.比較的多くが採用しているリミテッドパートナーシップは,ゼネラルパートナー(GP)が運営者として無限責任を負い,投資家であるリミテッドパートナー(LP)は投資した金額を限度として責任を負う有限責任となっている.

また,ヘッジファンドの設立の登録地は,オンショアもあれば,税金や諸規

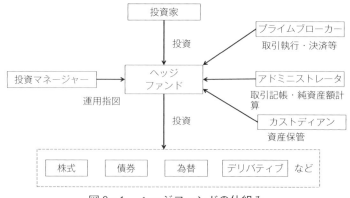

図9-1　ヘッジファンドの仕組み

制などの理由によりオフショアに設立されている場合もあるが，ケイマン諸島などのオフショア地域が多い．ただし，実際にファンドを運用している会社の所在地は米国や欧州が多い．

ヘッジファンドの形態には，個別ヘッジファンドとファンド・オブ・ヘッジファンズ（FOHF）がある．

FOHF は，多数のいろいろな投資戦略の個別ヘッジファンドに分散投資するファンドである．このため，リスク分散効果が期待できる．また，ヘッジファンドに精通しているプロの運用者がファンドの選別を行うため，安全性の確保もある程度なされるという特徴がある．ただし，FOHF は，組み入れるヘッジファンドと FOHF 自体と両方で成功報酬が発生するので，コストが高いというデメリットがある．

（4）ヘッジファンドの投資戦略

ヘッジファンドの投資戦略は，一般に，アービトラージ型（裁定戦略型．市場での価格の歪みを捉えて裁定収益を追求するもの），ディレクショナル型（市場動向の方向性に起因する収益を狙うもの），イベントドリブン（企業の合併，破綻等のイベントに着目するもの）などに大別される．アービトラージ型には，債券アービトラージ，CB（転換社債）アービトラージ，株式マーケットニュートラルなどがある．ディレクショナル型には，株式ロングショート，グローバルマクロ，マネージドフューチャーズなどがある．

ヘッジファンドの主な投資戦略は，次のとおりである．

① 債券アービトラージ

債券等の銘柄間での価格形成の歪みなどに着目し，価格が合理的水準に収斂する過程で収益を追求する投資戦略である．裁定戦略（アービトラージ）の一種で，相対的に割安な債券等を購入し，割高な債券等を空売りすることで，利益を獲得しようとする戦略である．債券や MBS 等の資産担保証券，スワップ等のデリバティブが主な投資対象である．

②CB（転換社債）アービトラージ

裁定戦略の一種で，企業が発行するCBと他の証券との価格関係を収益機会とする投資戦略である．同一企業のCBと普通株式の価格水準を比較して，相対的に割安な方を買い，割高な方を売ることで，利益を獲得しようとする戦略が代表的なものである．

③株式マーケットニュートラル

通常同規模のロングポジションとショートポジションを持ち，市場動向の影響を中立化する．つまり市場リスクを抑えて，個別銘柄の価格形成の歪みを捉える，すなわち個別銘柄に固有のリスクのみをとって収益を追求する投資戦略である．

④株式ロングショート

相対的に見て値上がりが期待される銘柄群の買い（ロング）と相対的に値下がりが期待される銘柄群の売り（ショート）を組み合わせ，先物やオプションも利用しつつ，市場全体のボラティリティによる影響をある程度抑制しながら，個別銘柄固有のリスクに収益源泉を求める投資戦略である．株価の上昇を予測する場合にはロングの比率を高めて株価上昇による収益を十分に上げようとし，株価の下落を予想する場合にはショートの比率を高めて市場リスクを抑えた運用を行おうとするものである．

ロングショート戦略では，市場環境によっては市場リスクを積極的にとるので，ロングポジションとショートポジションが同額になることはほとんどないが，マーケットニュートラル戦略では常に概ね同額となっている．

⑤グローバルマクロ

各国の株式や債券，為替，コモディティ，デリバティブ等の市場で価格形成の歪みやトレンドに投資機会を見出し，投機的な運用を行う投資戦略である．1970年代に登場したソロスのクォンタムファンドや1980年代に登場したロバートソンのタイガーファンドは，このグローバルマクロ戦略を採用し，世界の経済・金融情勢に基づいて投機的な運用を行った．

⑥マネージドフューチャーズ

　各国の先物（株式・金利・コモディティ・通貨）市場でフューチャーズ投資を行う．価格やテクニカル指標等を基に市場価格の変動を予測した上で，その方向感に賭ける運用を行う投資戦略である．マネージドフューチャーズは，アメリカでは，商品取引助言者（CTA）によって運用されているものが多い．

⑦イベントドリブン

　企業の合併や組織・事業再編，清算，破産等のイベントによって生じる価格変動をとらえて収益を追求する投資戦略である．たとえば，一般的には，企業買収では，ターゲットとなった企業の株価は上昇し，買収側の企業の株価は相対的に値下がりする．この予想に基づいて，買収の噂が流れた段階で，被買収企業の株式を買い，買収企業の株式を空売りする．そしてそれぞれ値上がり，値下がりした段階で反対売買を行い，収益を獲得する．

⑧マルチ戦略

　上記の投資戦略の中から複数の戦略を採用し，組み合わせて運用するものである．個別ファンドの中に，複数の運用チームがそれぞれ独自の投資戦略によって運用を行い，これを合算してファンドのリターンとするものである．

（5）ヘッジファンドの規模と購入者

　ヘッジファンドの運用資産残高は，2006年末から2016年末に至る10年間で1.47兆ドルから3.02兆ドルへ2.1倍に増加した（Hedge Fund Research 調べによる）．ヘッジファンドは，この間の世界の公募証券ファンドの増加倍率1.9倍を上回る．ただし2016年末の残高は，公募証券ファンド（40.56兆ドル）の13分の1程度である．

　ヘッジファンドは，もともと富裕層向けの投資商品として開発されたことから，従来は富裕個人投資家の購入割合が高かったが，最近は年金基金や企業の割合が高まっている．またファンド・オブ・ヘッジファンズに投資するケースも増えている．

3 プライベート・エクイティ

（1）プライベート・エクイティとは

プライベート・エクイティ（Private Equity, PE）とは，未公開会社の株式をいう．パブリック・エクイティ，すなわち証券取引所に上場されている株式への投資は，証券取引所において取引されるが，PE 投資は，資金需要者と資金供給者とによる相対取引によって投資条件が決定される．

PE 投資は，当初は個人の富裕層がベンチャー企業等へ直接投資する形で行われていたが，近年は年金基金等の機関投資家の資金を集めてファンドを形成し，ファンドの運用としてベンチャー企業等に投資する形が多くなってきた．PE ファンドには，ベンチャー企業へ投資するベンチャーファンド，バイアウト（企業買収）案件へ投資するバイアウトファンド，経営破たん企業へ投資する再生ファンド等がある．

欧米の年金基金等の機関投資家は積極的に PE 投資を行っているが，わが国では PE 投資の歴史が浅く，年金基金等の機関投資家の PE 投資はまだそれほど活発的ではない．

（2）ベンチャーファンド
ベンチャーファンドの意義

ベンチャーファンドが投資対象とするベンチャー企業とは，新規に興され創業からあまり年数が経っておらず，独自の製品や技術で急成長している，あるいは急成長を目指している企業をいう．ベンチャー企業は，大企業・中小企業という企業区分としては中小企業であるが，通常の中小企業とは異なり，ベンチャー企業の創業者は，高い志を持って果敢にリスクに挑戦し，独創的な製品・サービスを開発して成長を目指す．

このように，創業間もないベンチャー企業は，新たな製品等の開発にお金，

労力，時間がかかり，売上と収益が計上されない期間が長く続くことが多い．これは「死の谷」と言われ，この事業化で苦しむ「死の谷」を超えるための資金が必要となる．こうしたリスクマネーは，返済期限のある融資よりも，返済が不要な株式での出資が適する．また，創業間もないベンチャー企業は信用力もないため，金融機関からの借入れや公開された証券市場での資金調達は困難である．ここにベンチャーファンドの意義があり，活躍する場となるわけである．

ベンチャーファンドの形態と規制

日本のベンチャーファンドの組成形態には，投資事業有限責任組合，任意組合，匿名組合などがあるが，現状はほとんど投資事業有限責任組合である．投資事業有限責任組合は，1998年に施行された初めての本格的なベンチャーファンド法といわれる「中小企業投資事業有限責任組合契約に関する法律」（現在の「投資事業有限責任組合契約に関する法律」の前身）を根拠法としている．それまでは，民法上の任意組合を利用していたが，民法上の任意組合では，組合員は全員無限責任を負うので，ファンドの出資者を見つけるのが難しかった．ベンチャーファンド法では，投資事業を運営して責任を持つ無限責任組合員のほかに，出資金の範囲でのみ責任を持つ有限責任組合員を設けることができる．ベンチャーキャピタルがファンドの無限責任組合員，機関投資家や事業法人などの出資者が有限責任組合員となる．このように，ベンチャーファンド法の施行によりベンチャーファンドが本格的に発展したわけである．

2007年に，証券取引法を抜本的に改正した金融商品取引法が施行されて，ベンチャーファンドの出資持分が，集団投資スキーム（いわゆるファンド）の1つとして取り込まれ業規制の対象となった．この背景は，民法上の組合や商法上の匿名組合などを利用したファンドに怪しげなものも出てきて，多くの投資家に大きな被害を与えた詐欺的な事件が起きたことがあった．投資家保護のため，規制の隙間をなくして，いろいろなファンドビジネスを広く集団投資スキーム

としてとらえて，金商法の規制の網をかぶせた．

　集団投資スキーム（ファンド）の仕組みは，① 広くお金（出資金）を集め，②何らかの事業に投資し，③ その収益で配当を行うというものである．投資対象事業は何でもよく，例えば，未上場株への投資や，映画，レストラン，ワイン，絵画，沈没船などの事業であり，元本保証はなく，収益次第で配当が変動し，最悪の場合には無配当や元本がゼロになる．組成形態は，投資事業有限責任組合のほか，民法上の組合や商法上の匿名組合など契約形式を問わない．

　ベンチャーファンドは，集団投資スキームとして，ファンドを作る事業者が自分で投資家に販売する場合（自己募集とか自己勧誘という）や，他の事業者の組成するファンドを販売する場合は，金商法上の第二種業として内閣総理大臣の登録が必要であり，またファンドを運用する場合は，投資運用業として登録が必要である．ただし，例外として，適格機関投資家のようなプロ向けのファンドの販売や投資運用を行う場合は，第二種業や投資運用業の登録は必要なく，適格機関投資家等特例業務の届出でよい．この特例業務は，第二種業や投資運用業より規制が緩いので，一般投資家を騙す詐欺的なファンドに利用されるケースが多く，規制強化により，一般投資家への販売は禁止されている．ベンチャーファンドは，もともと一般投資家を相手にするものはほとんどなく，機関投資家や事業法人などが中心であるので，特例業務による場合が多い．

ベンチャーファンドの仕組みと特徴

　ベンチャーファンドの仕組みは，図9-2のとおりである．ベンチャーファンドを設定し，運営する者はベンチャーキャピタルと呼ばれている．ベンチャーキャピタルは，証券会社系，金融機関系，事業法人系，独立系，大学系など多彩である．

　ベンチャーファンドの仕組み・特徴は，次のとおりである．

① 途中解約の不可と利益回収

　ベンチャー企業の株式は，通常，成長後期になるまで証券取引所へ上場しな

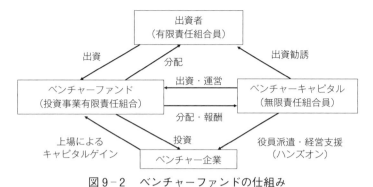

図9-2　ベンチャーファンドの仕組み

いので，流通価格がないことから，時価評価が困難であるとともに，容易に売却できない．これは，ベンチャーファンドの最も根本的な仕組みを決定する要因となる．つまり，ベンチャーファンドへの投資は，原則として途中で解約できない仕組みとなっている．

　ベンチャーファンドは，成長期待の大きいベンチャー企業に投資して，予想どおり成長し上場した時点で株式を売却して利益を得て，出資者に払い戻しする．このため，ベンチャー企業に投資してから，株式上場による利益獲得までに年月がかかるので，通常ベンチャーファンドの期間は7～10年程度が多い．ベンチャーファンドは全期間にわたって解約ができないため，また，成功するかどうか分からない段階で投資することになるため，リスクが高く，一般個人投資家の資産運用には向いていない面がある．実際，ベンチャーファンドの出資者は，金融機関や事業法人などが中心となっている．

②キャピタルコール

　投資家のベンチャーファンドへの投資資金の払込は，一般的にキャピタルコール方式で行われる．これは，ファンドの設立時には，ファンドと投資家の間で資金の拠出金の上限（コミットメント金額）を決めておき，ファンドが実際に投資案件を決めて資金が必要になった時点で，コミットメント金額の範囲内で必要な金額の払込を要請する仕組みである．キャピタルコール方式を採用す

る理由は，投資案件を個別交渉で見つけることから，時間がかかるので，案件が決まるごとに必要な金額を払い込んでもらうのが，投資家にとって有利となるからである．

③ ハンズオン

ハンズオン（hands-on）とは，ベンチャーファンドがベンチャー企業を資金面でサポートするだけでなく，マネジメント面にもかかわって企業価値の向上を図ることをいう．ベンチャーファンドの運用者等が社外取締役として経営面に関与して支援したり，必要な人材を探したり，販路開拓などに協力したりしてベンチャー企業の成長をサポートするわけである．

④ 出口戦略

ベンチャーファンドは，ベンチャー企業に投資して，最後には何らかの出口（Exit，エグジット）戦略により，資金を回収して，投資家に分配する．エグジット戦略には，一般的に，① ベンチャー企業の株式が証券取引所に上場した段階で，市場で持ち株を売却する，② 上場会社等との合併・買収に際して持ち株を売却する(M&A)，③ 他の投資家やベンチャーファンドへ売却する，といったものがある．この中では，株式上場（IPO, Initial Public Offering）が最も多く，IPO によるキャピタルゲイン獲得が基本戦略といえる．

⑤ ベンチャー企業の成長ステージ別の投資リスク・リターン

ベンチャー企業の成長ステージは，創業時（シード），創業初期（アーリー），成長初期（エクスパンション），成長後期（レーター）と呼ばれている．ベンチャーファンドは，各ステージの企業を投資対象とする．スタートアップの創業時（シード）の企業を中心に投資するファンドは，特に，インキュベーションファンド（incubation fund）と呼ばれる．投資決定時の企業の成長ステージが後になるほど，投資リスクは小さくなるとともに期待リターンも低くなる．

成長の波に乗って上場するまでに成長するベンチャー企業は多くないが，上場すればファンドは大きなキャピタルゲインが獲得できるので，こうした少数の成功企業のキャピタルゲインが，成長に失敗した企業のキャピタルロスを補

うという構造となっている.

ベンチャーキャピタルの投資状況

日本のベンチャーキャピタルは，2008年のリーマンショック以降ファンドの組成環境は厳しく，出資者からの新規投資資金の確保が容易ではなかったが，市場の持ち直しとともに，投資額も持ち直している（図9-3参照）. 2018年第2四半期のベンチャーファンドの国内向け業種別投資動向を見ると，IT関連が多く（46.9%），次にバイオ，医療，ヘルスケア（24.8%）となっている（表9-2参照）. また，国内向けステージ別投資動向を見ると，アーリーが金額で最も多く，次いでシードとなっている（表9-3参照）. ベンチャー企業のシードやアーリー段階への投資は，エクスパンションやレーター段階よりも投資リスクは高いが，ベンチャー企業の育成からみれば役割の重要性が高いといえる.

（3）バイアウトファンド

バイアウトファンド（buyout fund）とは，企業買収を行い，株主権を背景に企業経営に深く関与して，企業価値の向上を図り，株式上場や売却によってリターンを狙うファンドである.

バイアウトファンドの主な投資対象となる企業は，成長ステージの頂点を過ぎた成熟期や成長後退期のステージにあって，すでに相当な経営実績があり，比較的安定したキャッシュフローを生み出している企業である. これには上場企業も多く，バイアウトファンドによる買収後は非上場化して，企業価値向上を目指すことになる.

バイアウトファンドの投資対象は，たとえば，次のような企業である.

① 過剰な現金や遊休資産を持っている企業である. ファンドは買収後にこれを有効に活用して企業価値を向上させる.

② 多角経営を行っているが，思ったように業績が伸びず，ノンコアの事

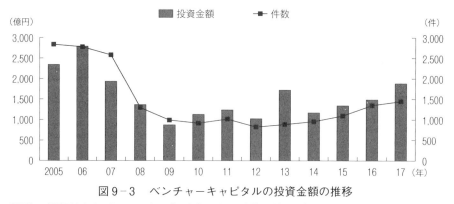

図9-3 ベンチャーキャピタルの投資金額の推移

(出所) 一般財団法人ベンチャーエンタープライズセンターの資料より作成. 各年度. 国内・海外向け合計.

表9-2 ベンチャーファンドの業種別投資動向

(カッコ内は構成比%)

業種分類	金額（億円）
IT関連	141.8 (46.9)
バイオ, 医療, ヘルスケア	75.1 (24.8)
工業, エネルギー, その他産業	34.3 (11.3)
製品, サービス	51.3 (16.9)
合　計	302.5 (100)

(出所) 一般財団法人ベンチャーエンタープライズセンターの資料より作成. 2018年第2四半期. 国内向け投資金額.

表9-3 ベンチャーファンドのステージ別投資動向

(カッコ内は構成比%)

ステージ	金額（億円）
創業時（シード）	47.4 (23.3)
創業初期（アーリー）	97.3 (47.8)
成長初期（エクスパンション）	39.5 (19.4)
成長後期（レーター）	19.5 (9.6)
合　計	203.7 (100)

(出所) 一般財団法人ベンチャーエンタープライズセンターの資料より作成. 2018年第2四半期. 国内向け投資金額.

業部門や関連会社を切り離してコアの事業に専念しようとしている企業から，ファンドはノンコアの部分を取得する．

③ 有能な後継者が見つからずに業容が伸び悩んでいる老舗企業などをファンドが買収して，新たにスカウトした経営者に経営を委ねて企業価値を向上させる．

バイアウトファンドは，このように大企業が対象となることが多く，また企業の経営権を獲得するため買収を行うことから，ベンチャー企業への投資と比べると，1件あたりの投資金額が大きくなる．こうした投資目的の違いから，ベンチャーファンドと比べると，分散投資が十分に行われていない面がある．

また，バイアウトファンドは，投資家からの資金拠出に加えて，金融機関からの借入れにより資金調達を行う場合が多い．こうした運用手法は，投資家のリターンを大きくするレバレッジ(梃子)の効果が働く．これは，LBO(Leveraged Buy-out，レバレッジバイアウト)と呼ばれる．

企業買収の種類の中で，買収の対象となる企業や事業部門の経営陣が企業の所有者となる形の企業買収があり，これをMBO (Management Buy-out，マネジメントバイアウト)と呼んでいる．MBOの場合，一般的には，経営陣が拠出する資金だけでは買収資金が不足するので，金融機関からの融資を受けたり（この場合，MBOはLBOの形態をとる)，バイアウトファンドからの投資資金を受け入れたりする．

4　不　動　産

投資家が不動産に投資する場合には，① 現物不動産に直接投資するケース，② 不動産投資信託（REIT，リート）に投資するケース，③ REITに投資する投資信託に投資するケースなどがある．REITには，取引所に上場され取引されているJ-REITと，店頭で取引される私募REITがある．

ここでは，J-REITと，REITに投資する投資信託をとりあげて見てみよう．

(1) J-REIT

J-REITの概要については，「第6章 投資信託」第4節の(2)のとおりである．

東京証券取引所に上場されているJ-REITは，2018年10月末現在61銘柄，時価総額12兆7,057億円となっている(図9-4参照)．2001年に初めて上場されて，投資家の中長期運用に資する不動産運用の道を開いてから，順調に残高を積み重ねてきており，ビッグ・バンで開発された金融商品の中で最も成功したものの1つといえる．世界的に見ても，2018年3月末現在，日本のJ-REITは，時価総額では第1位のアメリカにはるかに及ばないが，主要国の中ではアメリカに次いで2番目となっている．

J-REITの特徴

J-REITの特徴は，次のとおりである．
① 少額資金による不動産投資が可能

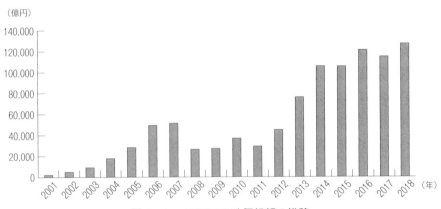

図9-4 J-REITの時価総額の推移

(出所) 東京証券取引所の資料より作成．各年末．2018年は10月末現在．

実物不動産は，１件あたりの投資金額が大きく，個人投資家の投資商品としては向いていないが，J-REIT への投資であれば，少額の資金で投資することができ，実質的に不動産へ投資しているのと同じ効果を得ることができる．また，株式と同様に，証券取引所でいつでも売買することができる．

② 分散投資効果

J-REIT は，マンションやオフィスビルなどの不動産に投資して，主な収益は賃貸料であることから，比較的安定した分配金を得ることができる．リスク・リターン特性として株式と債券の中間とされ，投資家は J-REIT を加えて分散投資により，リスク低減効果が得られる．このように，伝統的な株式や債券に加えて，バランスのよい資産運用のポートフォリオを組むうえで，J-REIT は有効な投資対象といえる．

J-REIT の投資対象

J-REIT の投資対象は，オフィスビル，賃貸住宅，商業施設，物流施設，ホテル，ヘルスケア施設などがある．J-REIT には，オフィスビルのみを投資対象とするもの，物流施設のみを投資対象とするものなど，特定のカテゴリーの不動産に投資対象を特化するタイプと，いくつかのカテゴリーを投資対象とするタイプがある．

また，J-REIT は，国内不動産だけでなく，海外不動産への投資も行うことができる．

J-REIT のリターンとリスク

① リターン

J-REIT の投資収益は，インカムゲインとキャピタルゲインである．インカムゲインは，不動産の賃貸収入を中心とした収益から分配される分配金であり，キャピタルゲインは，J-REIT の相場上昇による投資家の買値と売値の差額である売買益である．J-REIT の収益源は賃貸収入が主であることから，これを

原資とする分配金を目的とする投資が主流となっている．機関投資家や地方銀行などは，分配利回りを重視して投資している．

②リスク

J-REIT も，株式や債券と同様に，価格変動リスクや信用リスクがある．

J-REIT の価格は，不動産の賃貸相場の変動や不動産自体の価格の変動の影響を受ける．また，J-REIT は，証券取引所に上場されて，機関投資家やファンドなどの投資対象となっているので，金融・証券市場の全体の動きの影響も受けている．このため，国内株式市場との相関が強い場合もある．例えば，2008年のリーマンショックの際には，株式市場と同様に，J-REIT 市場も急落した．

このように，J-REIT は主として収益が賃貸料に依存しているが，安全安心な商品ではない．景気動向等によって不動産価格は大きく変動する場合もあるし，賃貸料も空き室率の上昇によって低下する．

また，不動産市況の悪化や金融機関からの借入れ条件の悪化などにより，信用力が低下して，最悪の場合にはデフォルトするリスクもある．実際，リーマンショック後の2008年10月に経営破綻した J-REIT も出現した．

J-REIT のインデックス

J-REIT のインデックスとして，東証 REIT 指数がある（図9-5参照）．これは，東証に上場している J-REIT の全銘柄を対象とした時価総額加重型の指数である．基準日の2003年3月末の時価総額を1,000とした場合に，現在の時価総額がどの程度かを表している．J-REIT 全体の値動きを見る指数として，よく利用されている．

（2）REIT に投資する投資信託

REIT に投資する投資信託，いわゆる REIT 投資信託とは，内外の REIT を投資対象として組入れた投資信託である．REIT 投資信託の2018年10月末現在の純資産残高8兆5409億円で，内訳は，国内 REIT へ投資するもの3兆6122億

図9-5　東証 REIT 指数の推移

(出所) 東京証券取引所のデータから作成 (2018年10月末まで).

円，海外 REIT へ投資するもの3兆6306億円，内外 REIT へ投資するもの1兆2981億円である．

　投資家は，REIT を直接取引所で買うよりも，REIT 投資信託を買うことで投資を行うことが多い．この理由としては，取引所で REIT を売買するためには証券会社の窓口ということになるが，REIT 投資信託であれば銀行等の金融機関の窓口でもよいので投資家の利便性が高まること，また個別で REIT を購入する場合は銘柄選別が必要であるが，REIT 投資信託であれば投資信託委託会社が運用のプロとして銘柄を選別するので，安心感があることが考えられる．さらに，重要なことは，REIT 投資信託であれば，投資銘柄数が多くなることと，内外の REIT に投資するものもあることから，分散投資効果があると考えられる．

　また，東京証券取引所には，東証 REIT 指数に連動を目指す ETF が上場されており，投資家はこの ETF に投資することにより，実質的に東京証券取引所に上場されているすべての J-REIT に投資する効果が得られる．

5　コモディティファンド

　ここでは，一般投資家が容易に売買できるコモディティファンドとして，東

京証券取引所に上場されているコモディティを投資対象とする ETF をとりあげよう.

　東京証券取引所には，貴金属，エネルギー，穀物などのコモディティの価格への連動を目指す ETF が上場されている．このコモディティ ETF には，国内で組成された国内籍の ETF と海外で組成された外国籍の ETF がある．コモディティ ETF の運用には，コモディティ価格に連動するように仕組まれたリンク債を組み入れるものと，コモディティの先物へ投資するものがある.

　コモディティ ETF の特徴は，次のとおりである.

　① 分散投資効果

　貴金属，エネルギー，穀物などのコモディティは，グローバルマーケットで活発に取引されており，コモディティ ETF をポートフォリオに加えることにより，株式や債券などとの相関関係の小ささから分散投資効果が高まる.

　② 少額投資，機動的な売買

　コモディティ ETF は，少額の資金で投資することが可能である．また，証券取引所でいつでも売買が可能である．注文方法も，株式と同様に，指値注文，成行注文を行うことができ，信用取引も行うことができる.

　③ 現物の保管リスクの回避

　金などのコモディティの現物に投資する場合には，保管コストやリスクが生じるが，ETF であればこのようなことはない.

参考文献

坂下晃・外島健嗣・田村香月子『証券市場の基礎知識』晃洋書房，2010年.

日本証券アナリスト協会編，浅野幸弘・榊原茂樹監修，伊藤敬介・荻島誠治・諏訪部貴嗣著『新・証券投資論Ⅱ──実務篇』日本経済新聞出版社，2009年.

日本証券アナリスト協会編，小林孝雄・芹田敏夫著『新・証券投資論Ⅰ──理論篇』日本経済新聞出版社，2009年.

第10章 ポートフォリオ・マネジメント

本章のポイント

　金融資産運用において，ポートフォリオの方針設定，資産配分から運用，評価にいたる一連の投資管理プロセスを，ポートフォリオ・マネジメントと呼ぶ．

　ポートフォリオ・マネジメントはPDCAサイクルに基づき行われる．投資目的と投資期間などの条件に合わせて投資方針やアセット・ミックスを決定し（Plan），ポートフォリオのマネジャー・ストラクチャーを構築し運用（Do），一定期間ごとに定量的・定性的側面から運用の結果を評価（Check）し，評価の内容に基づきポートフォリオの内容やマネジャーを調整（Action）する．

　機関投資家の運用においては，運用資金が大きいため，ポートフォリオ・マネジメントは重要である．本章では最後に，年金資金運用のポートフォリオ・マネジメントの例を確認しよう．

1　ポートフォリオ・マネジメントの考え方

　金融資産の運用においては，どのような目的で投資するのか，投資資金の性質や運用目的，投資期間などに合わせて投資の方針やポートフォリオの内容を決めなければならない．またポートフォリオのパフォーマンスを定期的に測定し，必要に応じて内容を組み替える必要がある．こうした資産運用における一連のプロセスをポートフォリオ・マネジメント（Portfolio Management，投資管理）という．

ポートフォリオ・マネジメントの目的は，分散投資によりリスクを低減させ，かつ運用目的に合わせた目標リターンを獲得することにある．ポートフォリオ運用による分散投資は，非システマティック・リスクを低減させることが可能である．したがってポートフォリオ・マネジメントでは，いかに非システマティック・リスクを減らしつつ目標リターンを獲得するかを，投資目的に合わせて，すなわち投資資金のリスク許容度に合わせて管理することが重要となる．

2 ポートフォリオ・マネジメントのプロセス

ポートフォリオ・マネジメントのプロセスは，PDCA (Plan-Do-Check-Action) サイクルにもとづき，大きく図10-1のような流れをとる．

(1) 投資方針の策定とアセット・アロケーション

まずPlanの段階では，投資主体の投資目的と投資期間などの制約に合わせて運用の方針を決定し，アセット・アロケーション（Asset Allocation）を行い，アセット・ミックス（Asset Mix）を決定する．

投資はリターンを得ることが目的であるとはいっても，はたして投資主体が個人なのか，機関投資家なのかによって運用の目的や内容は異なるだろう．ま

図10-1　ポートフォリオ・マネジメントのプロセス

た投資資金は余剰資金なのか，将来に必要となる資金の運用なのか，リターンはいつの時点で必要なのかなど，投資の性質や期間によっても，求めるリターンと許容できるリスクの度合いや内容も大きく変化する．ポートフォリオ・マネジメントでは，こうした投資家の投資目的を，投資家が求めるリターンと，投資家のリスク許容度を明確にし，把握することから始める．

第2章ポートフォリオ運用の理論で確認したように，リスクとは収益率の標準偏差，すなわちリターンの振れ幅として認識できることから，リターンはリスクとトレードオフ関係にあると言ってよい．したがって，リスクをどの程度受け入れられるのか，受け入れられるリスクの種類は何か，などを把握しながら，投資家の許容リスクを明確化するのが重要である．投資主体によりリスク許容度は様々であるが，例えば個人では，**表10-1**に示されるような，ライフサイクルによるリスク許容度の傾向が見られている．ただしたこうした傾向は複合的であり，リスクに対するそもそもの個人の嗜好も影響する．

許容するリスクの程度や種類を明確にした後には，その許容リスクに対する目標リターンを設定する必要がある．これに対しては，投資主体により様々な制約が課せられる．

投資制約は，投資家の行動の範囲や内容を制限する要素である．大きくは，流動性，投資期間，規制，税制の他，投資主体固有の制約が挙げられる．

流動性の制約とはすなわち，キャッシュの必要性の度合いであり，運用資金

表10-1　個人投資家のリスク許容度にかかる要因と傾向

投資期間（年齢）	長期に運用することが可能（低年齢）であればリスク許容度は高い傾向
収入	収入が多いと投資可能資金が比較的多くなり，リスク許容度は高い傾向
資産	資産が多いと投資可能資金が比較的多くなり，リスク許容度は高い傾向
知識	金融リテラシーや投資知識があるほど，リスク許容度は高い傾向
使用目的	運用資金の使用目的が明確であるほど，リスク許容度は低い傾向
家族構成	扶養する家族が多い人は少ない人に比べ投資可能資金が比較的少なく，リスク許容度は低い傾向

の使用目的により変化する．投資期間の制約とは投資期間が長期か短期か，投資の目標リターンの達成をいつにおくかであり，リスク許容度と合わせてリターンの大きさにも関連する制約となる．また規制については，個人投資家は比較的規制の影響を受けないが，例えば企業年金や投資信託などの機関投資家では，厚生年金保険法や金融商品取引法など，それぞれに関連する法律により投資内容や行動に制約を受ける．また税制は個人投資家にとっても大きな制約となる場合がある．

　これら制約の他にも，投資主体の慣習や，投資信託であればその金融商品の特性（例えば，いわゆるエコ・ファンドや特定国ファンドなど，投資対象を当初から限定するもの）など，投資主体固有の制約があげられる．こうしたリスク許容度および制約条件から，目標となるリターン（必要収益率）を設定する．

　許容リスクおよび制約を明確にし，求めるリターンの目標を設定した後は，運用資金を株式や債券などどの金融商品に投資するのか，投資する金融商品の組み合わせを決定しなければならない．この資産配分をアセット・アロケーションと呼び，アセット・アロケーションにより導かれる基本的な資産配分構成を政策アセット・ミックス（基本ポートフォリオ，ポリシー・ミックス）という．

　機関投資家のポートフォリオ・マネジメントにおいては，こうして設定した投資の目的や目標，政策アセット・ミックスの内容などは，投資方針書として文章化される．例えば投資信託ではそれぞれの商品の目論見書などに記載され公表される．また年金基金なども年金資金運用の方針を定め公表している．

（２）マネジャー・ストラクチャーの構築

　Do の段階では，アセット・ミックスに基づき，各資産クラスでどのマネジャー（運用者，運用機関）に資金を配分するかの構造（マネジャー・ストラクチャー）を決定し，運用を行う．

　マネジャー・ストラクチャーの構築では，投資目標と投資方針に合わせて，アクティブ・パッシブ比率（アクティブ運用とパッシブ運用の比率）を定め，マネ

ジャーを選択する必要がある．第2章でも触れた通り，パッシブ運用は市場インデックスなどのベンチマークに準拠する運用であり，ベンチマークを上回る超過リターンは求めない運用スタイルである．一方，アクティブ運用の場合は，ベンチマークを上回る超過リターンの獲得を目的とすることから，綿密な情報収集と高い分析能力が必要であり，パッシブ運用に比べ運用コストは高くなる傾向にある．

またマネジャーの運用が複数の資産クラスにまたがるバランス型運用か，特定の資産クラスに限定する特定型運用なのか，それらの運用スタイルについても確認する．運用スタイルとは，株式などの運用を行う際の分類であり，例えば，時価総額の大きい大型株，時価総額の小さい小型株，企業のファンダメンタルズから比較して割安なバリュー株，市場平均を上回る成長が期待できるグロース株などが挙げられる．

（3）パフォーマンスの評価

Check の段階では，運用パフォーマンスの評価を行う．パフォーマンス評価はまずリスクとリターンの測定を行い，その結果の要因を分析する．また評価は，実際にリターンがどのくらい得られたか，リスク管理は適切であったかなどの定量的側面と，マネジャーの投資方針や運用体制などの定性的側面の両面から評価する．

定量的評価においては，資産全体の評価と，アセット・ミックスにおけるクラス毎の評価を行う．リスク管理評価に対してはトラッキングエラーによる評価が一般的であり，リターンに関しては投資収益率のほか，リスクを調整した後の収益率を確認する尺度として，シャープ・レシオ，インフォメーション・レシオなどが挙げられる．

トラッキングエラーとは，運用ポートフォリオの収益率とベンチマークの収益率の差の標準偏差であり，アクティブエラーとも呼ばれる．

運用ポートフォリオの収益率とベンチマークの収益率の差，すなわちポート

フォリオがベンチマークを上回り得られた超過収益率をアクティブ・リターンと呼ぶ．トラッキングエラーはこのアクティブ・リターンの標準偏差で示される．トラッキングエラーが大きいということは，ポートフォリオがベンチマークよりも大きくリスクとっているということである．

〔10-1 式〕

トラッキングエラー

＝（ポートフォリオの収益率−ベンチマークの収益率）の標準偏差

シャープ・レシオはリスクに対するリターンの大きさを示す指標であり，リスク1単位あたりの超過収益率で確認する[1]．これにより単純にリターンを測るのではなく，ポートフォリオがとっているリスクに対してどの程度のリターンを得られているのかを確認することができるため，ポートフォリオ・マネジメントのパフォーマンス評価ではもっとも一般的な尺度である．シャープ・レシオは以下の式で示される．

〔10-2 式〕

$$\text{シャープ・レシオ} = \frac{\text{ポートフォリオの収益率} − \text{安全資産利子率}}{\text{ポートフォリオの標準偏差}}$$

シャープ・レシオに用いる安全資産利子率は，無担保コール翌日物金利や国債利回りを用いる．シャープ・レシオの数値が高ければ，リスクに対して多くのリターンを挙げているため効率的であり，運用成績が高いと評価できる．

インフォメーション・レシオは情報比とも呼ばれ，特にアクティブ運用の評価に用いられる尺度である．ポートフォリオがとるリスクに対して，ベンチマークを上回る超過収益をどの程度挙げられているか，を確認することができる指標であり，アクティブ・リターンの平均をトラッキングエラーで除して求められる．

第10章　ポートフォリオ・マネジメント　　*205*

〔10-3式〕

$$インフォメーション・レシオ = \frac{アクティブ・リターンの平均}{トラッキングエラー}$$

　インフォメーション・レシオが高ければ，リスクにたいしてアクティブ運用による超過リターンが多く得られていることになり，アクティブ運用の成績が良いと評価ができる.

　こうした定量的評価とともに，定性的評価を行う. 定性的評価の基準には，投資哲学 (Philosophy)，運用体制 (People)，投資プロセス (Process)，ポートフォリオの管理 (Portfolio) の4つが挙げられる. ポートフォリオ・マネジメントの評価では，これら4つにパフォーマンス (Performance) の定量評価を加えた「5つのP」が有名である（**表10-2**).

（4）評価に基づいた各段階の見直し

　Action の段階においては，パフォーマンス評価の結果に基づき，様々な見直しを行う. 許容リスクやリターン目標の見直しにともない，政策アセット・ミックスおよびマネジャーの見直しを行い，マネジャーの変更や，ポートフォリオのリバランス（配分比率の調整）を行う. またマクロ経済状況が変化した場

表10-2　パフォーマンス評価における5つのP

定性的評価	投資哲学 (Philosophy)	運用哲学の一貫性，組織理念の明確性
	運用体制 (People)	人材の資質や量の確保，専門知識
	投資プロセス (Process)	運用方針決定の組織や基準
	ポートフォリオの管理 (Portfolio)	運用目的に合致したリスク管理
定量的評価	パフォーマンス (Performance)	運用成績

合においても，投資対象や戦略の見直しが必要となる．

3 年金運用のポートフォリオ・マネジメント

　以上のように，ポートフォリオ・マネジメントでは，投資主体の投資目的や期間，制約条件に合わせて，PDCAサイクルにより投資を管理する．最後に，具体例を元にして年金運用のポートフォリオ・マネジメントを確認しよう．

　年金資金の運用目的は，年金の給付を将来に渡って確実にするための長期的な財源を確保することである．したがって，運用は安全性および安定性を基本とし，リスクをできる限り最小限に抑えつつリターンを確保する必要がある．また，年金運用の期間は長期にわたり，かつ継続的なリターンを必要とする．

　年金の政策アセット・ミックスを具体的に見てみよう．ここでは，年金積立金管理運用独立行政法人（GPIF : Government Pension Investment Fund）と，企業年金連合会の年金運用をとりあげたい（図10-2）．

　GPIFの公的年金積立金運用における政策アセット・ミックスは，国内債券35％，外国債券15％，国内株式25％，外国株式25％であり，「長期的に積立金の実質的な運用利回り（積立金の運用利回りから名目賃金上昇率を差し引いたものをいう）1.7％を最低限のリスクで確保することを目標」として組成されている[2]．2017年3月末の実際の資産構成は国内債券31.68％，外国債券13.03％，国内株式23.28％，外国株式23.12％，短期資産8.89％となっている．また，債券投資においては原則として，信用格付がBBB以上の銘柄としている[3]．

　企業年金連合会の年金資産の政策アセット・ミックスも，GPIF年金資産の運用と同様の構成となっている．基本年金等の積立水準ごとに多少の変化をつけているが，おおよそ債券50〜60％，株式50〜40％とされており，2017年3月末の資産構成は国内債券43.3％，外国債券12.2％，国内株式16.9％，外国株式27.6％である．

　ポートフォリオ・マネジメントでは運用方針やアセット・ミックス内容によ

第10章　ポートフォリオ・マネジメント　*207*

	GPIF	企業年金連合会（基本年金等）
資産残高	144兆9034億円	11兆4158億円
資産構成割合	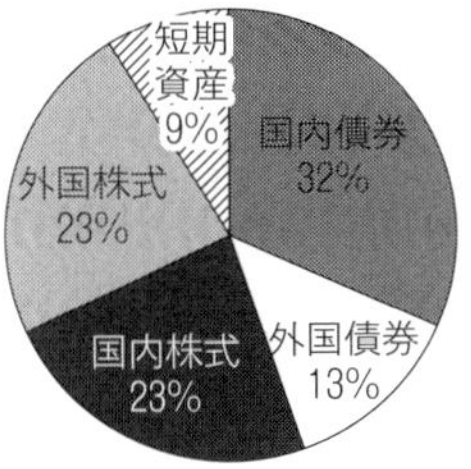 短期資産 9% 外国株式 23% 国内株式 23% 国内債券 32% 外国債券 13%	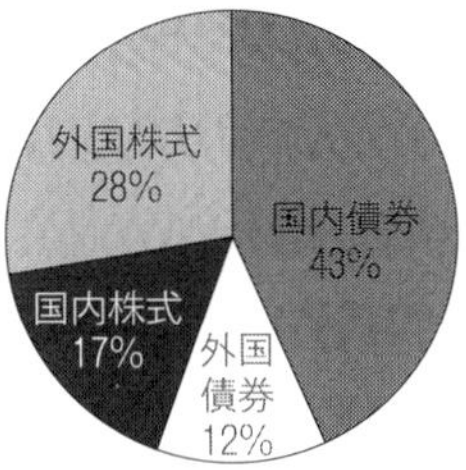 外国株式 28% 国内債券 43% 国内株式 17% 外国債券 12%
運用実績	5.86%	6.05%
実質運用利回り	2.80%	4.09%

図10-2　年金運用の具体例

（注1）2017年3月末現在.
（注2）運用実績は時間荷重収益率.
（注3）実質運用利回りはGPIFは市場運用を開始した2001年度以降16年間平均，企業年金連合会は1996年度以降21年間平均.
（出所）GPIF「業務概況書」運用資産額・資産構成割合，および年金資金連合会「年金資産運用状況」より筆者作成.

り，運用のスタイルに合わせたマネジャー・ストラクチャーを構築する．年金資金の場合，リスクを少なくリターンを長期的に確実にしたいという運用性質から，パッシブ運用が中心となる．

　図10-3はGPIFの年度末における市場運用分のアクティブ・パッシブ比率である．過去にはアクティブ運用の比率は高かったものの，近年はやはりパッシブ運用の比率が高く推移しており，おおよそ8割がパッシブ運用，2割がアクティブ運用となっている．

　運用資金が巨額である場合には，関連するマネジャーも多数にのぼる．そこでGPIF，企業年金連合会ともに，マネジャーの選定にあたっては，マネジャーエントリー制度を採用している．マネジャーエントリー制度は，様々な運用手法および運用機関の情報を広く迅速に収集し，より柔軟で効率的な運用機関の選定と評価を目的として，マネジャーを広く公募する制度である．

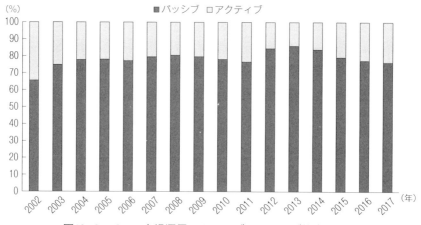

図10-3　GPIF市場運用アクティブ・パッシブ比率の推移

(出所) GPIF「業務概況書」パッシブ運用及びアクティブ運用の割合の推移(市場運用分)より筆者作成.

表10-3　主なベンチマーク一覧

国内株式	TOPIX (東証株価指数)	東証1部上場銘柄の株価指数
外国株式	MSCI KOKUSAI	MSCI Incによる日本を除く先進国の株価指数
	MSCI EMERGING MARKETS	MSCI Incによる作成する新興国の株価指数
	MSCI ACWI	MSCI Incによる日本を除く先進国および新興国の株価指数
国内債券	NOMURA-BPI	野村證券金融工学研究センターによる国内債券インデックス
	NOMURA-BPI国債	野村證券金融工学研究センターによる国債インデックス
海外債券	シティ世界国債インデックス	シティグループによる世界国債のベンチマーク

　一般的ポートフォリオ・マネジメントと同様に，年金運用においてもパフォーマンスの評価がなされる．収益率や利回りのほか，資産ごとのパフォーマンス評価においては，ベンチマークを基準として評価される．一般的なベンチマークは表10-3の通りである．

　また，マネジャーに対する評価では，超過収益率の他，パッシブ運用におい

てはトラッキングエラー，アクティブ運用においてはシャープ・レシオやインフォメーション・レシオを評価する.

　以上の通り，年金運用においても，こうした評価の結果から投資配分比率の変更やマネジャー・ストラクチャーの再構築などの様々な見直しに着手し，PDCAサイクルに則り，巨額の資金のポートフォリオ・マネジメントを行っている.

注
1）シャープ・レシオは，資本資産評価モデル（CAPM）を提唱したウィリアム・シャープ氏が考案した指標である．当初シャープ氏自身はこの指標を「リターンリスク比」と呼んでいたが，一般に利用されるうちに，シャープ・レシオと呼ばれるようになった.
2）2014年10月31日GPIF第2期中期目標の変更（2019年3月31日閲覧）.
3）ただし2018年4月より，合理的理由がある場合にはBBB格未満の低格付債にも投資できるよう基準が緩和されている.

参考文献
企業年金連絡協議会資産運用研究会『チャレンジする年金運用——企業年金の未来に向けて』日本経済新聞出版社，2011年.
日本証券アナリスト協会編，浅野幸弘・榊原茂樹監修，伊藤敬介，諏訪部貴嗣，荻島誠治著『新・証券投資論Ⅱ——実務篇』日本経済新聞出版社，2009年.
日本証券アナリスト協会編，小林孝雄，芹田敏夫著『新・証券投資論Ⅰ——理論篇』日本経済新聞出版社，2009年.
企業年金連合会ウェブサイト（https://www.pfa.or.jp，2019年3月31日閲覧），各種統計および資料.
年金積立金管理運用独立行政法人ウェブサイト（https://www.gpif.go.jp，2019年3月31日閲覧），各種統計および資料.

索　　引

〈ア　行〉

相対取引　95
赤字国債　88, 89
アクティブ・ファンド　132
アクティブ運用　47, 125, 202–204, 207
アクティブエラー　203
アクティブ・パッシブ比率　202, 207
アクティブ・リターン　204
アセット・アロケーション　200, 202
アセット・ミックス　200, 202
アドミニストレーター　182
アービトラージ型　183
アンシステマティック・リスク　138
安全資産　44, 45, 87, 204
アンダーパー発行　86
委託会社　118
委託者指図型投資信託　113
委託者非指図型投資信託　113
委託保証金　63, 64
板寄せ方式　61
5つのP　205
ETF　119
iDeCo（イデコ）　23
移動平均線　80, 81
イベントドリブン　183, 185
インカムゲイン　30, 96, 97, 122, 136, 195
インキュベーションファンド　190
インデックスファンド　45, 46
インフォメーション・レシオ　203, 209
運用実績連動型の報酬　181
運用報告書　128
運用報告書（全体版）　128
交付運用報告書　128
エクスポージャー　141
SMA　9, 10
SQ　160
ABS　91
FA　94

エマージングマーケット　148
　——投資　148
MSCI エマージング・マーケット・インデックス　150
MBO（マネジメントバイアウト）　193
LBO（レバレッジバイアウト）　193
円建外債　91
追い証　64, 65
オーバーアロットメント　57, 59
オーバーパー発行　86
オプション取引　161, 167, 172
オープン・エンド型　116
オルタナティブ投資　177

〈カ　行〉

外貨建外債　91
外国債　91
価格差益　96
価格変動リスク　107
価格優先の原則　60, 61
格付　106
　——会社　105
確定給付企業年金　22
確定拠出年金（DC）　20
確定利付証券　85
額面　86, 96
株価キャッシュフロー倍率（PCFR）　73
株価収益率（PER）　72, 73
株価純資産倍率（PBR）　72, 73
株式上場（IPO）　52, 190
株式投資信託　115
株式分割　56
株式マーケットニュートラル　184
株式ロングショート　184
　——戦略　180
株式無償割当て　56, 57
株主割当増資　53, 55
借換債　88
為替フォワード取引　141

為替ヘッジコスト　142
為替ヘッジプレミアム　143
為替リスクのヘッジ　139
間接発行　91
元本　85, 100
企業型 DC　22
企業年金連合会　206, 207
基準価額　130
期待収益率　30-33
キャピタルゲイン　30, 31, 97-99, 122, 136, 195
キャピタルコール　189
キャピタルロス　31
金融債　90
金融商品取引法　187
金利　85, 96, 102
　──スワップ　168, 169
　──リスク　107
クーポン　85, 96-98, 102
グリーンシューオプション　57, 59
クローズド・エンド型　116
グローバルマクロ　184
継続開示　128
契約型投資信託　113
気配　96
現在価値　101, 102
建設国債　87
権利行使価格　161, 162, 164, 165, 172-175
公開価格　57, 59
公社債投資信託　115
公社債売買参考統計値　96
公社債発行市場　91, 93
公社債流通市場　92, 93, 95
公的年金等控除　25
公募　91, 93
　──増資　53, 54
　──投資信託　115
　──入札方式　92
効率的フロンティア　43, 44
高利回り債　147
顧客本位の業務運営　130
国債　44, 87, 91, 92, 95

　──市場特別参加者制度　92
　──発行市場　91
国際分散投資　138
個人型 DC　23
個人向け国債　87
個人向け社債　91, 96, 99, 107
固定利付　86
コモディティファンド　197
コール・オプション　161, 162, 172

〈サ　行〉

債券　85, 96
　──アービトラージ　183
　──価格　102, 107
債券の格付　151
裁定取引　170, 171
再投資　97, 98, 100-102, 107
財務代理人　94
債務不履行　105
先物取引　156, 158-160
先渡取引　158
差金決済　65, 161
指値注文　60, 61
サブプライム問題　146
サムライ債　91
ザラバ方式　61
三大貯蓄目的　6
JP モルガン・エマージングマーケット・ボンドインデックス　152
J-REIT（ジェイリート）　114, 120, 194
時間（時期）の分散　4
時間的価値　164, 165
時間優先の原則　60, 61
直物（スポット）レート　142
事業債　90
自己資本利益率（ROE）　73
資産担保証券　91
市場インデックス　45, 46, 203
市場関連リスク　46
市場金利　104
システマティック・リスク　46
シ団引受方式　92

索　引　*213*

品貸料　63
CB（転換社債型新株予約権付社債）　90
　──（転換社債）アービトラージ　184
GPIF　206, 207
私募　91, 93
　──投資信託　115
資本市場線　45
社債　90, 93, 95, 96
　──管理会社　94
　──発行市場　93
シャープ・レシオ　126, 203, 204, 209
収益率　30, 34, 97
集団投資スキーム　187
受益権　119
受益者　119
受託会社　118
種類株式　52
償還　86
小規模企業等掛金控除　25
証券投資信託　113
証拠金　158, 159
情報係数（インフォーメーション・レシオ）
　127
情報比　204
将来価値　101, 102
ショーグン債　91
所有期間利回り　99, 100
新株予約権付社債　90
シンジケートカバー取引　59
シンジケート団　92, 93
信託財産留保額　129
信託報酬（運営管理報酬）　130
信用格付　96, 105, 106
信用取引　63–65, 159
信用リスク　105
スタティック・アロケーション・ファンド
　8
スプレッド取引　170, 172
スワップ取引　156
生起確率　32, 33
正規分布　35
成功報酬　13, 181

政策アセット・ミックス　202, 206
政府関係機関歳　89
絶対収益追求型　181
相関　39
　──関係　39

〈タ　行〉

第三者割当増資　53, 54
貸借取引　64
退職所得　26
タイムディケイ　166
ターゲット・イヤー・ファンド（ターゲット・
　デート・ファンド）　8
ターゲット・リスク・ファンド　8
立会時間　60, 61, 159, 168
単位型（ユニット型）投資信託　115
担保　90
　──付社債　90
単利　98, 100
　──最終利回り　98, 99, 102
地方公社債　90
地方債　89
長期国債　87
直接発行　91
直接販売（直販）　119
直接利回り　97
追加型（オープン型）投資信託　115
通貨スワップ　168, 169
積立投資　4
TOB　78
ディスクロージャー（情報開示）　127
ディレクショナル型　183
出口（Exit, エグジット）戦略　190
テクニカル分析　78
デフォルト　105, 106
デリバティブ　155, 156, 159
店頭取引　95
伝統的資産　177
電力債　90
投機取引　170, 171
投資管理　199
投資事業有限責任組合　187

投資収益率　30
投資制約　201
投資法人　113, 114
投資マネージャー　182
東証株価指数（TOPIX）　31, 45, 67-70
東証 REIT 指数　196
特定社債　91
特別参加者　92
特例国債　88, 89
トータルリターン通知制度　123
途中償還リスク　107
トラッキングエラー　203, 204, 209
取引所取引　95
ドル・コスト平均法　4
トレンドライン　82

〈ナ　行〉

72ルール　3
成行注文　60, 61
NISA（少額投資非課税制度）　16
　　一般——　16
　　ジュニア——　17
　　つみたて——　18
日経平均株価　67-70
日本証券業協会　95, 96
値幅制限　60, 161, 168
年金運用　206
年金積立金管理運用独立行政法人　206, 207
年金特例国債　88
ノーロード・ファンド　129

〈ハ　行〉

ハイ・イールド・ボンド　147
バイアウトファンド　191
バイ・アンド・ホールド　98, 107
配当利回り　70
発行開示　128
発行価格　86
発行体　87
パッシブ運用　46, 126, 202, 203, 207
パー発行　86
パフォーマンス評価　126, 203, 204, 208

ハンズオン　190
反対売買　65, 159, 160, 162
販売会社　118
非居住者債　91
非公募　91
PDCA　200
標準偏差　34, 35
ファンド・オブ・ファンズ　116
ファンド・オブ・ヘッジファンズ　183
ファンドラップ　10
フィデューシャリー・デューティー　130
フォワードレート　142
不確実性　33, 34
複利　100
　　——運用　3
　　——効果　101
　　——最終利回り　100-102
普通国債　87
普通社債（SB）　91, 93
ブックビルディング方式　57
復興債　88
プット・オプション　161, 162, 172
不動産投資信託（REIT, リート）　193, 196
不動産投資法人　114
プライベート・エクイティ　186
プライマリー・ディーラー制度　92
プライムブローカー　182
プレミアム　162
分散　35
　　——投資　37, 112, 138, 200
分離定理　45
ヘッジ取引　170
ヘッジ比率　141
ヘッジファンド　179
偏差　35
ベンチマーク　125, 208
ベンチャー企業　186
　　——の成長ステージ　190
ベンチャーキャピタル　188
ベンチャーファンド　186
　　——法　187
変動利付　86

索　引　*215*

募集・販売手数料　129
ポートフォリオ　37, 38, 199
　——運用　37, 87, 200
　最適——　45
　市場——　45, 46
　接点——　44, 45
　——・マネジメント　199, 200
ボラティリティ　165-167
本源的価値　164

〈マ・ヤ行〉

マネージドフューチャーズ　185
マネジャー・ストラクチャー　202
マネジャーエントリー制度　207
マルチ戦略　185
民間債　90
無担保社債　90
目論見書　128
　交付——　128
　請求——　128
モーゲージ担保証券　146
優先株式　52, 53
ユーロ円債　91
予想収益率　32, 33

〈ラ・ワ行〉

ライツ・イシュー　55, 56
ライフサイクル　201
　——ファンド　8
ラップ口座　9
リスク　29, 30, 33, 34, 44, 46, 105, 122, 136,

196, 203, 204
　——回避型　41
　価格変動——　122, 137
　為替——　122, 137, 149
　カントリー——　123, 138, 149
　——許容度　200, 201
　金利——　122, 137
　市場——　138
　システマティック・——　138
　信用——　123, 137
　——調整後リターン　126
　非市場——　138
　非市場関連——　46
　非システマティック・——　46, 200
　——分散　37, 39
　流動性——　107, 123, 138, 150
利息　96, 100
リターン　29, 30, 35, 96, 102, 122, 136, 195,
　203, 204
利付債　90, 86
利回り　97
リーマンショック　146
リミテッドパートナーシップ　182
利率　86, 96
劣後株式　53
劣後債　90, 106, 107
ローソク足　79
ロボ・アドバイザー（RA）　14
ワラント債　90
割引　101
　——債　86, 90

《著者紹介》

鳴 滝 善 計（なるたき　よしかず）［第1章，第6章，第7章，第9章］

　　東京大学法学部卒業
　　現在，岡山商科大学経営学部商学科教授
主要業績
『図解早わかりシリーズ 投資信託入門』（銀行研修社，2000年）
『銀行業務検定試験 公式テキスト 投資信託3級 2019年3月受験用』（経済法令研究会，2018年）

外 島 健 嗣（そとじま　けんじ）［第3章，第4章，第8章］

　　近畿大学大学院商学研究科博士後期課程単位取得
　　現在，名古屋学院大学商学部教授，近畿大学非常勤講師
主要業績
『現代日本の金融取引入門』（共著，晃洋書房，2005年）
『証券市場の基礎知識』（共著，晃洋書房，2010年）

田村 香月子（たむら　かづこ）［第2章，第5章，第10章］

　　大阪市立大学大学院経営学研究科博士後期課程修了
　　現在，関西大学商学部准教授
主要業績
『証券市場の基礎知識』（共著，晃洋書房，2010年）
『グローバル金融危機と経済統合——欧州からの教訓——』（共著，関西大学出版部，2012年）

《監修者紹介》

坂 下　　晃（さかした　あきら）

　立命館大学経営学部卒業
　岡山商科大学経済学部特任教授
　2018年　逝去

主要業績

　『証券市場の基礎知識』（共著，晃洋書房，2010年）

証券投資の基礎知識

2019年10月30日　初版第1刷発行	＊定価はカバーに
2024年4月15日　初版第2刷発行	表示してあります

監修者	坂　下　　　晃	
	鳴　滝　善　計	
著　者	外　島　健　嗣Ⓒ	
	田　村　香月子	
発行者	萩　原　淳　平	
印刷者	藤　森　英　夫	

発行所　株式会社　晃 洋 書 房

〒615-0026 京都市右京区西院北矢掛町7番地
電話　075(312)0788番代
振替口座　01040-6-32280

装丁　鷺草デザイン事務所　　　　印刷・製本　亜細亜印刷㈱
ISBN978-4-7710-3255-2

JCOPY 〈(社)出版者著作権管理機構 委託出版物〉

本書の無断複写は著作権法上での例外を除き禁じられています．
複写される場合は，そのつど事前に，(社)出版者著作権管理機構
（電話03-5244-5088, FAX03-5244-5089, e-mail : info@jcopy.or.jp）
の許諾を得てください．

藤原 秀夫 著 　　　　　　　　　　　　　　　　A 5 判 336頁
マクロ金融経済学の転換と証券市場 　　　定価 3,800円（税別）
──信用と貨幣の創造──

栗原 裕 著 　　　　　　　　　　　　　　　A 5 判 136頁
グ ロ ー バ ル 金 融 　　　　　　　　　　定価 1,700円（税別）

栗原 裕 著 　　　　　　　　　　　　　　　A 5 判 144頁
グ ロ ー バ ル 経 済 　　　　　　　　　　定価 1,800円（税別）

高橋 信弘 編著 　　　　　　　　　　　　　A 5 判 264頁
グ ロ ー バ ル 化 の 光 と 影 　　　　　　定価 2,600円（税別）
──日本の経済と働き方はどう変わったのか──

近藤 隆則 著 　　　　　　　　　　　　　　A 5 判 192頁
政府の銀行貸出への関与は日本の中小企業を強くしたか 　定価 3,200円（税別）
──円滑化法、信用保証制度、資本注入政策の効果についての実証研究──

宮田 由紀夫・玉井 敬人 著 　　　　　　　A 5 判 210頁
第 2 版 アメリカ経済論入門 　　　　　　定価 2,400円（税別）

金子 邦彦 編著 　　　　　　　　　　　　　A 5 判 208頁
エ レ メ ン タ ル 現 代 経 済 学 　　　　定価 2,200円（税別）

安孫子 勇一 著 　　　　　　　　　　　　　A 5 判 262頁
知 っ て お き た い 金 融 論 　　　　　　定価 2,600円（税別）
──バブル後日本の金融の大きな変化──

M. アグリエッタ・B. ジェソップほか 著 　四六判 216頁
若森 章孝・斉藤 日出治 訳 　　　　　　　定価 2,400円（税別）
金 融 資 本 主 義 を 超 え て
──金融優位から賃金生活者社会の再建へ──

晃 洋 書 房